# JUDITH M. BERRISFORD

## RUND UM DIE PONYFARM

Judith M. Berrisford

# Rund um die Ponyfarm

TITANIA-VERLAG STUTTGART

Aus dem Englischen übertragen von Iris Herfurth
Titel der Originalausgabe:
**PONY-TREKKERS, GO HOME!**
Verlag Hodder & Stoughton Children's Books,
Dunton Green, Sevenoaks, Kent, England
Copyright © 1981 by Judith M. Berrisford

Umschlagfoto: Bildagentur, Stuttgart
Textzeichnungen: Walter Rieck
Verlags-Nummer 5131
ISBN 3 7996 5131 4
Alle Rechte vorbehalten
Printed in Germany
Druck und Einband:
Wilhelm Röck, Weinsberg/Württ.

## PONYS IN HÜLLE UND FÜLLE

„Wir müssen gleich da sein!"

Gespannt schaute ich aus dem Fenster, während der Bus nach Duncreggan holpernd durch die Heidelandschaft fuhr.

„Sieh mal, Pete, dort unten im Tal! Das wird Tante Carols Reiterhof sein." Ich deutete auf ein langgestrecktes Gebäude aus grauen Steinen, das hinter dem Dorf in der Nähe des Seeufers lag. Mein Zwillingsbruder hatte seine Nase tief in ein Fußballbuch gesteckt und hob nicht einmal den Kopf. „Eigenartig, ich kann weit und breit kein einziges Pony entdecken. Wahrscheinlich sind sie alle mit den Gästen auf einem Ausflug. Oh, Pete, stell dir vor: zweiundzwanzig Ponys! Ich bin schon wahnsinnig gespannt auf sie!"

Pete warf mir einen ungeduldigen Blick zu.

„Halt die Luft an, Pippa! Es reicht, wenn du mir zu Hause von morgens bis abends mit deinem Pferdefimmel in den Ohren liegst. Wenigstens jetzt könntest du mich mal verschonen. Wir sind schon Stunden unterwegs, und auf der ganzen Fahrt von Surrey nach Schottland verging nicht eine einzige Minute, in der du nicht von deinen kostbaren Vierbeinern geschwärmt hast." Er seufzte. „Also, ich kann nur hoffen, daß Pa recht behält. Jetzt hast du ja drei Wochen lang Gelegenheit, zwölf Stunden am Tag Ponys zu füttern, Ponys zu satteln, Ponys zu striegeln, Ställe auszumisten und endlich einmal richtig reiten zu lernen. Dann hätte Tante Carols Hochzeit mit einem Reitlehrer wenigstens etwas Gutes gebracht."

Ich sah meinen Zwillingsbruder verärgert an.

„Verdirb mir doch den Spaß nicht, Pete! Seit Wochen habe ich mich auf diese Ferien gefreut. Nun ist es endlich soweit, und du meckerst dauernd herum. Warte erst mal ab, bis wir auf dem Reiterhof sind! Vielleicht bist du nach ein paar Stunden genauso pferdebegeistert wie ich. Und stell dir vor: Tante Carol hat in ihrem letzten Brief geschrieben, daß Onkel Hamish ihr eine Stute gekauft hat, eine fuchsbraune Stute mit Araberblut. Ach, Pete..."

Mir blieben die Worte im Hals stecken, als ich Petes Gesicht sah.

„Ja, ja, mit großen scharfen Zähnen, um dich zu beißen! Und harten Hufen, um nach dir zu treten. Ach, Menschenskind! Schließlich bin ich nicht freiwillig mit dir in diese blöden Reiterferien gefahren. Vergiß das nicht, Pippa! Alles wäre mir lieber gewesen, als drei Wochen lang von morgens bis abends nur Pferde zu sehen!"

„Ach, Pete, wie kannst du mir so etwas sagen!"

Plötzlich hielt der Bus mit einem Ruck an, und ich griff seufzend nach meinem Rucksack.

„Jetzt sind wir da, Pete. Nun, versuche wenigstens, ein bißchen Spaß daran zu haben!"

Pete brummte irgend etwas vor sich hin, als er hinter mir aus dem Bus kletterte. Und da standen wir nun und hielten vergeblich nach jemandem Ausschau, der gekommen war, um uns abzuholen. Es war niemand zu sehen.

„Und was machen wir jetzt?"

Der Ort bestand aus ein paar niedrigen Häusern, einem kleinen Laden und einer Kirche. „Tja, es wird uns wohl nichts anderes übrigbleiben, als zu laufen." Er steuerte auf die offene Ladentür zu. „Ich gehe mal rein und frage nach dem Weg."

„Das ist nicht nötig." Ich ging den Berg zu dem langen, grauen Gebäude hinunter, das ich vom Bus aus gesehen hatte. „Dieses Haus dort muß der Reiterhof sein. Ich bin ganz sicher. Sieh doch nur die vielen Ställe!"

„Wahrscheinlich hast du recht."

Ausnahmsweise waren wir einer Meinung.

Als wir näherkamen, merkten wir, daß der Hof doch nicht so verlassen war, wie ich anfangs geglaubt hatte. Hier und da tauchten in den Boxentüren neugierige Köpfe auf, feingliedrige Pferde mit den schmalen Ohren und edlen Gesichtern kostbarer Vollblüter. Ihre Felle glänzten, und obwohl Pete und ich nicht viel Erfahrung mit Pferden besaßen, begriffen wir sofort: Das konnten unmöglich brave, einfache Schulponys sein.

„Das ist bestimmt nicht Tante Carols Reiterhof", meinte Pete. „Das sind doch alles Vollblüter. Wir hätten uns wohl besser in dem kleinen Geschäft erkundigt. Jetzt müssen wir noch einmal in das Dorf zurück und nach dem Weg fragen."

„Warum?" Ich sah einen Mann in gut geschnittenen Cordhosen und einer Jacke mit Lederbesatz aus einer der Boxen kommen. „Wir können den doch fragen. Der Reiterhof kann ja nicht weit entfernt sein, und hier in der Gegend kennt ihn bestimmt jeder."

Zu unserer Überraschung schien der Fremde kein Schotte zu sein.

„Hamish Macdonalds Reitschule?" wiederholte er in tadellosem Englisch ohne den geringsten schottischen Akzent. „Ich fürchte, da seid ihr falsch, es führt noch ein anderer Weg aus dem Dorf hinaus. Der Reiterhof liegt eine gute Meile von hier entfernt, und es geht ziemlich steil den Berg hinauf." Er musterte uns einen Augenblick lang, dann lächelte er uns freundlich an.

„Ihr habt Glück, ich wollte selbst gerade in diese Gegend. Ich könnte euch unterwegs bei den Macdonalds absetzen. Wartet einen Moment!"

Während er seinen Range Rover aus der Garage holte, sah ich mich staunend bei den Boxen um. Pete seufzte und folgte nur widerwillig.

Wie die meisten meiner Freundinnen hatte ich schon vor Jahren mein Herz für Pferde entdeckt. Doch bei aller Begeisterung gehörte ich immer noch zu den Mädchen, die auf die Gelegenheit warten mußten, bis sie hier und da einmal für wenige Minuten auf einem fremden Pony reiten durften.

Ich hatte ganze Berge von Pferdebüchern gelesen, unzählige Pferdesendungen im Fernsehen angeschaut und kannte die Namen von fast allen englischen Turnierreitern und ihren Pferden. Doch das war auch alles. Wenn Muttis jüngste Schwester Carol nicht den Besitzer einer Reitschule geheiratet hätte, wäre meine Liebe zu Pferden bestimmt immer nur ein Traum geblieben.

„Silver Knight." Ich las den Namen, der auf einem Schild an einer der Boxentüren stand, laut vor.

Beim Klang seines Namens streckte mir der große Graue freundlich seinen Kopf entgegen und schnupperte neugierig. Sicher erwartete er jetzt einen kleinen Leckerbissen.

„Ich habe aber gar nichts für dich."

Sanft streichelte ich seine samtweiche Nase.

„Hier, alter Junge!" Zu meinem Kummer mußte ich feststellen, daß Pete besser vorbereitet war als ich. Er packte zwei Stückchen Zucker aus dem Bahnhofsrestaurant aus und hielt sie dem Grauen auf der flachen Hand hin.

Zutraulich nahm Silver Knight den Leckerbissen an.

„Nun, habt ihr schon die erste Freundschaft geschlossen?" Der Fremde kurbelte das Wagenfenster herunter, als er mit seinem Range Rover neben uns anhielt. „Wir sollten uns jetzt besser auf den Weg machen. Aber wenn ihr wollt, könnt ihr jederzeit wiederkommen und die Pferde besuchen. Der Graue, mit dem ihr euch gerade angefreundet habt, ist übrigens ein ganz berühmter Geselle. Silver Knight hat im vorigen Jahr das Hickstead Derby gewonnen, und in Hamburg wurde er Zweiter. So, nun steigt ein!"

Wir fuhren durch das Dorf, und als wir an der Kirche aus grauen Feldsteinen um die Ecke bogen und den holprigen Bergpfad einschlugen, fiel mir plötzlich eine ganze Menge ein.

Silver Knight... Natürlich! Dieses Pferd hatte ich schon im Fernsehen gesehen. Felicity Fairbarn hatte ihn damals geritten. Sie war eine Nichte von Lord Glencairn, dem der Graue gehörte.

Ja, es paßte alles zusammen.

Und der Fremde, der uns gerade in seinem Auto mitnahm, war vielleicht sogar Lord Glencairn selbst.

Es war kaum zu glauben! Pete und ich waren noch nicht einmal eine Stunde hier, und schon verkehrten wir in Englands berühmtesten Reiterkreisen.

Ich war geradezu überwältigt.

## EIN KÜHLER EMPFANG

„So, da sind wir! Es war nett, daß ich euch beiden behilflich sein konnte."

Pete und ich holten unsere Rucksäcke aus dem Wagen, und als wir uns bei dem Fremden bedankten, nickte er uns freundlich zu.

Er fuhr mit seinem Range Rover gerade wieder davon, als ein hochgewachsener Junge in Jeans und einem karierten Hemd aus dem Haus trat. Mit unbeweglichem Gesicht kam er uns entgegen.

„Ich bin Andy Macdonald", stellte er sich vor. „Schätze, ihr beide seid die Nichte und der Neffe von Carol... Ich muß schon sagen, ihr habt wirklich Nerven! Da laßt ihr euch einfach von einem Lord im Auto herbringen. Warum konntet ihr nicht unten im Dorf auf mich warten? Lord Glencairn kennt hier in der Gegend Gott und die Welt. Bestimmt wird er irgendwo erwähnen, daß er euch getroffen und mitgenommen hat. Bald wird ganz Duncreggan darüber reden. Bloß, weil ich nicht rechtzeitig zur Stelle war, um euch abzuholen. Die Leute hier warten doch nur auf eine Gelegenheit, uns wieder etwas vorzuwerfen. Schließlich sind wir und unser Reiterhof schon unbeliebt genug!"

„Warum denn das?" fragte Pete.

Andy sah uns ernst an. „Sieht so aus, als ob die Einheimischen keine Fremden in ihrer Gegend dulden wollen."

„Aber ihr seid doch keine Fremden", wunderte ich mich. „Schließlich ist Onkel Hamish ein Schotte."

„Schon." Andy zuckte mit den Schultern. „Aber ein Schotte aus Amerika. Pa ist nach Amerika ausgewandert, als er ungefähr so alt war wie ich."

Pete und ich nickten artig. Unser Stiefvetter hatte uns ziemlich unfreundlich empfangen, aber jetzt tat es ihm offenbar gut, daß er uns von sich und seinem Vater erzählen konnte.

„Im goldenen Kalifornien hat Pa umgesattelt", fuhr Andy fort. „Er arbeitete in verschiedenen Reitschulen und Gestüten. Da konnte er genug sparen, um schließlich seinen eigenen Reitstall aufzumachen. Tja, und dann lernte er meine Mutter kennen. Aber sie starb an Kinderlähmung, als ich gerade sieben Jahre alt war. Pa mußte mich ganz allein großziehen." Einen Augenblick lang machte Andy ein hartes, verschlossenes Gesicht.

„Es ging alles ganz gut, aber auf einmal wollte Pa unbedingt in sein gelobtes Schottland zurück. Na ja, da hat er dann diesen Hof hier gekauft. Und kurz danach tauchte eure Tante Carol auf der Bildfläche auf, und Pa hat sich in sie verguckt. Ehe man sich versah, waren die beiden auch schon verheiratet. Jetzt kleben sie den ganzen Tag aneinander und sehen vor lauter Liebe nicht, in welchen Schwierigkeiten wir stecken. Die Feindseligkeit der Einheimischen bemerken sie nicht einmal."

Wahrscheinlich haben Pete und ich ein ziemlich verblüfftes Gesicht gemacht, denn Andy wurde von einem Augenblick zum anderen wieder heftig und ungeduldig.

„Ach, was soll das alles!" Er streifte uns mit einem harten Blick. „Jedenfalls rate ich euch, uns nicht noch zusätzlichen Ärger zu machen."

Zum Glück wieherte gerade in diesem Augenblick in einem der Ställe eine Stute. Pferdehufe klapperten auf dem holprigen Straßenpflaster, und ein paar Ponys antworteten auf ihren Ruf. Die Urlauber kehrten mit ihren Ponys von einem Ausflug zurück. Da waren sie endlich – wie ich es mir erträumt hatte. Ponys in Hülle und Fülle! Graue, Schecken, Schimmel, Rappen und Braune. Ihr Anblick versetzte mich in eine solche Begeisterung, daß ich kaum mehr an Andys kühlen Empfang dachte. Dann sah ich Tante Carol. Sie saß auf dem Rücken von Scheherezade, ihrer fuchsbraunen Anglo-Araberstute. Als sie uns entdeckte, winkte sie uns fröhlich zu.

„Hallo, Zwillinge! Willkommen in Duncreggan!"

„Ja, herzlich willkommen!" schloß sich eine dunkle, volltönende Männerstimme an, und unser neuer Onkel Hamish glitt von dem Rücken eines stämmigen Rappens.

Onkel Hamish kam uns mit ausgestreckter Hand entgegen. Sogar in seiner Reitkleidung sah er immer noch wie ein perfekter Schotte aus. Er war groß und hager, hatte einen dichten aschblonden Haarschopf, buschige blonde Augenbrauen und einen eindrucksvollen kupferroten Bart. Er sprach in dem weichen, melodischen Tonfall der Hochländer und hatte nicht die Spur von einem amerikanischen Akzent.

Pete ergriff sofort seine Hand, aber ich wandte mich in einer plötzlichen dummen Verlegenheit zur Seite und faßte eines der Ponys am Zügel. Seine Reiterin, eine Dame in mittlerem Alter, wollte gerade aus dem Sattel klettern.

In der Theorie wußte ich natürlich ganz genau, wie man ein Pony nach einem Ausritt richtig versorgt. Doch ich sollte schnell merken, daß die Dinge, die sich in Büchern

so einfach lesen, in der Praxis oft ganz anders ablaufen. Vielleicht spürte der Schecke, daß ich unsicher war. Jedenfalls warf er plötzlich den Kopf hoch, setzte aufgeschreckt zurück und trat seiner Reiterin heftig auf den Fuß. Dann prallte er mit einem harten Stoß auf das Pony, das hinter ihm stand.

Auf ihm saß ein Mädchen mit einem ziemlich hochnäsigen Gesicht, das in seinen hellen Hosen und der dunkelblauen Reiterjacke viel besser in eine Arena für Schaureiter gepaßt hätte.

Bestimmt konnte sie reiten, aber sie war nicht darauf gefaßt, daß ihre Rosie so gereizt reagieren würde. Mit einem Schnauben stieg die Stute auf der Hinterhand hoch und überrumpelte ihre Reiterin derart, daß sie ziemlich unsanft zwischen getrocknetem Schlamm und Pfützen auf dem Hof landete.

Zu meiner Überraschung war es ausgerechnet Pete, der sich blitzschnell duckte und nach Rosies fliegenden Zügeln faßte. Der unerwartete Griff an den Riemen brachte die Stute wieder in den Stand, aber nun war sie so empört, daß sie sich einen winzigen Moment sammelte und dann wütend mit der Hinterhand auskeilte. Sie traf einen der jungen Gäste genau in die Magengrube. Mit einem Stöhnen sank der Junge in die Knie.

Carol war mit einem Satz bei ihm.

„Um Himmels willen, ihr beiden!" rief sie Pete und mir über die Schulter zu. „Nun seht aber zu, daß ihr schleunigst ins Haus kommt. Und laßt euch erst wieder in der Nähe der Ponys blicken, wenn Hamish und ich euch wenigstens die einfachsten Grundregeln beigebracht haben!"

Niedergeschlagen ließen wir unsere Rucksäcke in der Küche auf den Fliesenboden fallen. Wir schauten uns schuldbewußt an.

„Ein großartiger Einstand!" Pete fuhr sich mit den Fingern durch das Haar. „Ich komme mir wie ein Trottel vor. Und das soll nun noch drei Wochen lang so weitergehen. Für dich ist es ja nicht so schlimm, Pippa. Schließlich bist zu ganz verrückt nach diesen komischen Viechern. Aber ich?"

„Oh, Pete!" Ich war ganz verzweifelt. „Vati sagt doch immer, daß man alles schaffen kann. Man muß es nur wollen. Du bist doch sonst solch ein Sport-As. Beinahe überall bist du einer der Besten. Du mußt doch auch an Carol und Hamish denken. Sie haben so viele Sorgen."

„Das ist es ja." Pete stöhnte. „Ihnen zuliebe muß ich einfach versuchen, mich in diese Pferdewirtschaft einzufügen. Aber du kannst mir glauben, es geht mir gewaltig gegen den Strich!"

## SCHNELLKURS FÜR DEN ERSTEN AUSRITT

Carols und Hamishs Haus war nicht groß genug, um auch noch die Gäste darin unterzubringen. Darum wohnten sie in verschiedenen Höfen und Landhäusern in der Nähe des Dorfes.

Pete sollte in einem Klappbett im Wohnzimmer schlafen, aber ich bekam ein eigenes Zimmer.

Als Carol mir eine gute Nacht wünschte, erzählte sie mir, was für den nächsten Tag geplant war.

„Schlaf schön!" sagte sie zu mir. „Wir beide werden morgen in aller Frühe aufstehen. Dann wecken wir Pete und schleichen uns heimlich davon. Ich will euch morgen in aller Schnelle noch ein wenig Unterricht geben. Ihr sollt uns doch auf unserem Ausflug begleiten, und dazu müßt ihr noch ein paar Dinge lernen."

„Oh, Carol, du bist wirklich ein feiner Kerl!" Ich umarmte sie dankbar. „Ich freue mich so, daß du Pete und mich auf den Reiterhof eingeladen hast."

„Ach, das ist nicht der Rede wert." Sie sah mich liebevoll an. „Von allen meinen Nichten und Neffen habe ich Pete und dich am liebsten. Das weißt du doch. Und seit ich mich erinnern kann, bin ich eine Pferdenärrin gewesen. Genau so, wie du es heute bist. Das ist doch etwas, was uns verbindet, nicht wahr?"

Carol schloß leise die Tür hinter sich. Ich stand am Schlafzimmerfenster und mochte mein Glück kaum fassen. Im Mondlicht konnte ich die schlafenden Ponys sehen.

Die Nacht war warm, und Andy hatte den oberen Teil der Boxentür offengelassen. Im Inneren konnte ich Scheherezades Kopf erkennen. Die Stute war offenbar gerade aus dem Schlaf erwacht. Sie wandte den Kopf und zupfte ein wenig Heu aus ihrem Futternetz, bevor sie wieder in einen wohligen Schlummer hinüberdämmerte.

Nur mit Mühe konnte ich mich von diesem Anblick losreißen. Schließlich mußte ich morgen schon in aller Frühe aufstehen, und ich hatte einen langen, anstrengenden Tag hinter mir. Ich warf den Ponys noch einen letzten, liebevollen Blick zu und kletterte rasch in mein Bett.

Ich muß sofort eingeschlafen sein. Doch als ich wieder aufwachte, hatte ich das Gefühl, als ob erst zehn Minuten vergangen seien. Carol rüttelte mich sanft an der Schulter.

„Steh auf, Pippa!" flüsterte sie. „Es ist Zeit. Wir wollen doch hinaus und reiten!"

Wenig später standen Pete und ich zusammen mit Carol in der Koppel. Mutti hatte uns vor ihrer Reise nach Holland noch neue Sachen gekauft.

Und da standen wir nun, wie aus dem Ei gepellt, und ich warf einen zweifelnden Blick auf das nasse Gras und die morastigen Pfützen. Ich hoffte inständig, daß Pete und ich nicht gleich aus dem Sattel fallen würden.

Carol drückte jedem von uns eine Führungsleine in die Hand.

„Pippa, du nimmst dir am besten die graue Hochland-Stute dort drüben. Sie heißt Kirsty. Und du, Pete, kannst Firefly reiten. Das ist die braune Stute mit der schwarzen Mähne und dem schwarzen Schweif. Sie hat eine weiße Blesse auf der Nase. So – und nun werden wir die Ponys erst mal striegeln."

Beide Ponys hoben zutraulich den Kopf, als wir näherkamen. Wahrscheinlich wußten sie genau, daß sie nach dem täglichen Striegeln mit einer Portion Pferdenüssen belohnt wurden. Und während Carol uns zeigte, wie wir uns verhalten mußten, ließen Kirsty und Firefly jeden Handgriff geduldig über sich ergehen.

„Die anderen Anfänger haben das alles schon gelernt." Behutsam ließ Carol ihre Hand an den Beinen der Ponys hinabgleiten, hob der Reihe nach jeden Huf hoch und kontrollierte ihn sorgfältig. „Ihr beide müßt jetzt einen Schnellkursus absolvieren. Ich zeige euch in anderthalb Stunden all die Dinge, für die unsere Gäste normalerweise einen ganzen Vormittag Zeit haben. Heute ist Freitag, also für die meisten Urlauber der letzte Ferientag. Paßt also genau auf, damit wir pünktlich zu unserem Ausflug aufbrechen können."

Nachdem die Ponys gestriegelt waren und wir ihre Hufe gesäubert hatten, erklärte Carol uns, wie wir sie aufzäumen und satteln mußten.

Als das getan war, meinte Carol: „So, und nun steigt auf! Ich möchte mal sehen, wie ihr im Sattel sitzt."

Jetzt konnte ich Carol endlich beweisen, daß ich in meinen Reitstunden daheim doch schon etwas gelernt hatte. Ich nahm Kirstys Zügel in die Hand und stellte mich neben sie, mit dem Gesicht zu ihrer Kruppe. Nun brauchte ich nur noch den Riemen des Steigbügels in meine Richtung zu drehen, meinen Fuß in das Eisen zu stecken und mich vom Boden abzustoßen. Dann konnte ich mein Bein über Kirstys Rücken schwingen und saß im Sattel.

Aber es kam anders. Ich traf mein Pony mit der Fußspitze ausgerechnet in die Rippen. Die Stute fuhr herum, und im nächsten Augenblick drehte sie sich tänzelnd im Kreis. Und ich mußte wohl oder übel mit ihr hüpfen, so gut das auf einem Bein ging.

Pete bog sich vor Lachen. Doch Carol kam mir sofort zu Hilfe.

"Niemand erwartet hier von dir vollendete Reitkünste, Pippa", tröstete sie mich und übernahm Kirstys Zügel. "Für den Anfang ist es besser, wenn du dich in Kopfrichtung aufstellst. Steck deinen Fuß richtig fest in den Steigbügel und nimm in aller Ruhe genug Schwung!"

Schließlich saßen Pete und ich doch noch glücklich im Sattel, und Carol ließ uns rund um die Koppel reiten. Zuerst ein paar Runden im Schritt und dann in einem verhaltenen Trab.

Trotz meiner Reitstunden daheim hatte ich immer noch Schwierigkeiten, mich den Bewegungen eines Pferdes anzupassen. Manchmal gelang es mir, mich im richtigen Augenblick aufzurichten. Aber ebenso oft verpaßte ich den entscheidenden Moment und klammerte mich unsicher am Sattel fest, bis ich mein Gleichgewicht wiedergefunden hatte.

"Mach dir nichts daraus, Pippa!" Carol lächelte mich aufmunternd an. "Das kommt mit der Zeit von ganz allein. Du darfst nur nicht versuchen, es zu erzwingen. Mach es so wie Pete! Reite ein Weilchen in einem festen Trab. Das ist die beste Übung."

Pete machte ein möglichst gleichgültiges Gesicht, aber ich merkte genau, wie sehr er sich heimlich über Carols Lob freute. Bewundernd schaute ich zu ihm hinüber. Wie ein geübter Reiter saß er gelöst im Sattel und fing jeden Schritt seines trabenden Ponys elegant ab. Und ich hopste immer noch hilflos auf Kirstys Rücken auf und ab, bekam einen roten Kopf und genierte mich maßlos.

„Zeit fürs Frühstück!" rief Carol schließlich und erklärte uns, wie man die Steigbügel hochschob, den Sattelgurt aufschnallte und absattelte. Dann legten wir die Sättel auf einen Holzbock, damit sie nicht schmutzig wurden.

„Wir binden die Ponys mit einem besonderen Knoten an dem Zaunpfahl fest. Der Knoten ist ganz einfach zu lösen und hält die Zügel trotzdem fest." Aufmerksam schauten wir zu, wie Carol die Riemen verknotete. „So, nun nehmt euren Ponys die Trense aus dem Maul. Sie dürfen jetzt grasen und sich eine Weile ausruhen."

Nach dem Frühstück trafen wir uns mit einem Teil der Urlauber im Hof. Die meisten von ihnen waren Anfänger, genau wie Pete und ich. Die erfahrenen Reiter sollten erst später kommen. Sie hatten sich mit Andy zu einem Geländeritt verabredet.

„Das wird eine knochenharte Angelegenheit", hatte er uns mit einem gönnerhaften Seitenblick erklärt. „Nur was für Könner!"

Ich war froh, daß Andy nicht in der Nähe war. Pete und ich mußten Kirsty und Firefly zum ersten Mal ganz alleine aufzäumen, und mir war es nur recht, wenn ich dabei nicht ständig seinen kritischen Blick im Nacken fühlte. Die anderen Anfänger hatten diese Handgriffe schon eine ganze Woche lang geübt und erledigten ihre

Aufgabe flink und geschickt. Mein erster Versuch, Kirsty die Trense anzulegen, schlug natürlich prompt fehl. Und dann wollte es mir nicht gelingen, den Lederriemen durch die Schnalle zu ziehen. Carol mußte mir helfen, und ich wurde vor lauter Verlegenheit puterrot.

Pete machte seine Sache auch nicht viel besser. Das Aufzäumen bereitete ihm nicht allzuviel Schwierigkeiten. Aber dann wollte er seinem Pony den Sattel auflegen. Als er sich unter Fireflys runden Bauch bückte, vergaß er völlig, die Zügel zu halten. Die braune Stute trat einen Schritt zurück und setzte dabei zufällig einen Fuß auf die schleifenden Zügel. Pete mochte noch so sehr zerren und schieben, das Pony rührte sich erst vom Fleck, als die anderen Reiter ihm einen Klaps auf das Hinterteil gaben.

Pete schien sehr verlegen. Hoffentlich war ihm nun nicht endgültig die Lust vergangen.

Doch zu meiner Überraschung schien er sich nicht allzuviel daraus zu machen. Nachdem er einmal im Sattel saß, hatte er sogar ein ganz vergnügtes Gesicht. Wir starteten also zu unserem ersten richtigen Ausritt.

Carol beugte sich in Scheherezades Sattel weit vor. Sie öffnete das Gatter, das zur Landstraße hinausführte, und die ersten Reiter verließen den Hof. Kirsty drängte sich mit ein paar übermütigen Sätzen an Firefly vorüber. Sie wollte auf keinen Fall die letzte sein.

In diesem Augenblick hörten wir im Haus das Telefon läuten, und wenig später tauchte Andy in der Tür auf.

„Alles anhalten!" rief er Carol zu. „Der Besitzer vom Hotel Halfway hat gerade angerufen. Zwei seiner Gäste möchten heute gerne ausreiten. Ich habe ihm angeboten, daß die beiden Damen sich unseren Gästen anschließen können."

„Aber wie denn, Andy?" Carol schüttelte den Kopf. „Alle unsere Ponys sind schon vergeben. Codlin muß sich noch schonen, und Blueberry hat eine Kolik gehabt. Ich wüßte nicht, welche Pferde wir ihnen anbieten könnten."

„Und diese beiden?" Andy bahnte sich zielstrebig einen Weg durch die unruhig drängelnden und tänzelnden Ponys.

Er griff zuerst nach Kirstys und dann nach Fireflys Zügeln. „Tut mir leid." Er warf Pete und mir einen kurzen Blick zu. „Wir brauchen die beiden Ponys heute selbst. Ich habe euch ja gleich gesagt, daß ihr nur reiten könnt, wenn Pferde frei sind. Wir betreiben den Reiterhof nämlich, um Geld damit zu verdienen."

Fassungslos sah ich zu Pete hinüber. Auch er schien ehrlich enttäuscht zu sein. Doch dann gab er sich einen Ruck und glitt aus dem Sattel.

„Komm, Pippa!" Mit sanftem Druck löste er meinen Fuß aus dem Steigbügel. „Davon geht die Welt schließlich auch nicht unter."


### Kein Pony für mich

Pete und ich schauten den Reitern traurig nach.

Carol führte Kirsty und Firefly an einer Leine neben sich, und ich dachte voller Neid an die beiden Damen, die nun im Hotel Halfway warteten und bald an unserer Stelle im Sattel sitzen würden. Warum konnten wir nicht auch bei den Reitern sein, die lachten, schwatzten und vergnügt

waren? Sogar die Ponys schienen sich auf den Tag zu freuen, der vor ihnen lag, und schritten munter aus. Nur Pete und ich mußten zurückbleiben. Es war erst zehn Uhr, und bis die Gäste zum Tee heimkehrten, vergingen noch sechs lange Stunden. Was sollten wir nur die ganze Zeit tun?

Tapfer drehte ich mich zu Andy herum.

„Wir können uns doch inzwischen bestimmt ein bißchen nützlich machen?"

Ein abfälliges Lächeln spielte um seine Lippen, und mit einem Schulterzucken schlenderte er in die Sattelkammer.

„Hier!" Er nahm drei Halfter von ihren Haken und warf sie vor uns auf den Arbeitstisch. „Die könnt ihr saubermachen. Oder wißt ihr etwa nicht, wie das geht?"

„Wir waschen die Trensen in warmem Wasser, trocknen sie gut ab und reiben sie blank." So hatte ich es aus meinen Pferdebüchern gelernt. „Dann wird das Leder gereinigt. Dazu nehmen wir Sattelseife, damit sich auch alles Fett ablöst."

„Hoffentlich seid ihr auch so schlau und nehmt das Zaumzeug vorher auseinander!" unterbrach Andy mich ungeduldig. Mir wurde klar, daß ich mir gar keine Mühe zu geben brauchte. Andy war davon überzeugt, daß wir doch alles falsch machen würden. „Paßt auf, daß das Zaumzeug nicht zu naß oder zu seifig wird. Und laßt das Leder gut trocknen. Später könnt ihr es noch einmal mit Sattelseife einreiben, damit die Riemen weich und elastisch bleiben."

Eigentlich sahen die Halfter noch ganz sauber aus. Ich hatte den Verdacht, daß Andy uns nur beschäftigen wollte. Und dabei war ihm jede Arbeit recht, auch wenn sie noch so überflüssig war.

„Der wird sich noch wundern!" schwor ich Pete, als Andy hinausgegangen war. „Wir werden das Zaumzeug so sauber putzen, daß ihm die Luft wegbleibt. Und wenn wir fertig sind, nehmen wir uns auch noch die Sättel dort drüben vor. Er wird schon noch merken, daß wir uns hier auf dem Hof wirklich nützlich machen und keine Nieten sind."

Meine Begeisterung erfuhr einen ziemlichen Dämpfer, als ich Petes bockiges Gesicht sah. „Nun komm schon, Bruderherz!" mahnte ich ihn. „Du weißt doch, was du versprochen hast."

„Also schön", brummte Pete schließlich. „Carol zuliebe will ich's tun. Aber ob Andy mit uns zufrieden ist oder nicht, das ist mir völlig wurscht. Blöder Angeber!"

Unterdrückte Wut stand in seinem Gesicht, als er sich mit gerunzelter Stirn daran machte, das Zaumzeug auseinander zu nehmen. Es fiel ihm gar nicht so leicht, denn das Leder war viel härter, als wir anfangs gedacht hatten. Die Schnallen ließen sich nur schwer öffnen, und mir war klar, daß wir eine ganze Weile zu tun haben würden.

Inzwischen waren auch die Reiter eingetroffen, die mit Andy einen Geländeritt machen wollten. Einer nach dem anderen kam in die Sattelkammer, holte sich Sattel, Zaumzeug und Führungsleine, und ich schaute ihnen sehnsüchtig nach. Gleich würden sie mit ihren Ponys losreiten, und ich konnte mir noch soviel Mühe geben, ich mußte sie einfach beneiden. Doch was half das? Tapfer schluckte ich meine Enttäuschung hinunter, nahm einen Eimer und füllte ihn in der Küche mit warmem Seifenwasser. Während ich die Trensen abwusch, tröstete ich mich mit dem Gedanken, daß ich trotz allem ein paar wichtige Dinge lernte. Ich konnte zwar nicht reiten, aber die Arbeit an dem Zaumzeug gehörte auch zu dem Umgang mit Pferden.

Es war Mittag geworden, als Pete und ich endlich alle Halfter und die zusätzlichen Sättel abgewaschen und eingeseift hatten.

„Endlich!" seufzte Pete. „Das hätten wir." Mit nassen Fingern schob er sich eine Haarsträhne aus der Stirn und legte den letzten Sattel auf einen Holzbock. Erleichtert rollte er seine Hemdsärmel herunter. „Es wird Stunden dauern, bis das Leder so trocken ist, daß wir es polieren können."

Ich sah ihn fragend an. „Und was machen wir so lange?"

„Nun, wir haben immer noch unsere Proviantpakete."
Pete schlüpfte in seinen Anorak und klopfte auf die

prallgefüllte Tasche. „Ich schlage vor, wir gehen ins Dorf hinunter und kundschaften ein bißchen die Gegend aus."

„Gute Idee!" Ich war sofort einverstanden. Lord Glencairns Reitstall lag auf dem Weg zum Dorf, und wenn Pete nicht eine andere Richtung einschlagen wollte, konnte ich Silver Knight vielleicht einen Besuch abstatten.

Carol hatte uns Käse und Cracker eingepackt, Weintrauben, Nüsse, eine Tafel Schokolade und für jeden einen Apfel. Wir veranstalteten ein kleines Picknick, und eine Stunde später standen wir vor den Boxen auf Lord Glencairns Hof.

Alle Türen standen weit offen. Aber die Boxen waren leer; nicht ein einziges Pferd war zu sehen.

„Da! Dort drüben sind sie!" Pete deutete auf eine Reihe von Feldern, die sich am Ufer des Sees hinzogen. „Ganz am Ende der Weide."

Ich holte ein Stückchen Apfelschale aus meiner Tasche, das ich für Silver Knight aufgehoben hatte. Suchend schaute ich mich bei den grasenden Pferden um. Wie edel sie alle aussahen!

„Sieh nur, Pete! Der Blauschimmel dort. Sein Schweif und seine Mähne glänzen wie gesponnenes Silber. Und der Goldfuchs mit seinem zierlichen, fein modellierten Kopf. Man sieht gleich, daß er aus einer Kreuzung mit einem Araber stammt. Oder der Rotfuchs dahinten mit den kräftigen Sprunggelenken. Das ist bestimmt ein erfolgreiches Turnierpferd."

Und der große Graue in ihrer Mitte, das war Silver Knight.

Ich kletterte auf die unterste Sprosse des Gatters, das in die Koppel führte.

„Komm, Pete! Gehen wir zu ihnen hin!"

„Aber das kannst du doch nicht machen!" Mein Bruder hielt mich an meinem Anorak zurück. „Das ist schließlich privates Gelände."

„Na und?" Ich schwang ein Bein über das Gatter. „Lord Glencairn hat es uns doch erlaubt. Er hat gesagt, wir dürfen jederzeit wiederkommen und seine Pferde besuchen."

„Ja, schon. Wenn die Pferde in ihren Boxen sind. Er hat bestimmt nicht gemeint, daß wir so mir nichts, dir nichts auf seinen Feldern ein- und ausgehen können."

„Okay, Pete. Aber schließlich verbringt ein Pferd nicht den ganzen Tag in seinem Stall. Jetzt sind sie eben gerade auf der Koppel." Ich kramte meine Bücherweisheiten hervor. „Wahrscheinlich sollen sie sich hier aus irgendeinem Grund erholen. Am Abend, wenn die Mücken ausschwärmen, werden sie wieder in ihre Boxen gebracht. Nun stell dich doch nicht so an, Pete!" rief ich über die Schulter und lief mit eiligen Schritten über das Gras.

„Also, von mir aus!" Mit einem Seufzer kletterte Pete hinter mir her. „Du brauchst ein Pferd nur von weitem zu sehen, und schon kann man kein vernünftiges Wort mehr mit dir reden."

„Silver Knight!" rief ich sanft, als wir uns den weidenden Tieren näherten. Beim Klang seines Namens hob der große Graue aufmerksam den Kopf. Ich brach ein Stück von der Apfelschale ab und hielt es dem Hengst hin. Silver Knight stellte wachsam die Ohren auf. Mit langem Hals kam er auf uns zu.

Doch nun hatten uns auch die anderen Pferde bemerkt. Und sie waren offenbar der Meinung, daß sie auch ihren Teil von den guten Dingen abbekommen sollten. Silver Knight verfiel in einen leichten Trab. Und bevor Pete und ich begriffen, was eigentlich geschah, standen wir mitten in einem Knäuel von ungeduldig drängenden, fordernden Pferden. Jedes einzelne von ihnen erschien uns plötzlich erschreckend groß.

Silver Knight nahm die Apfelschale zwischen die Zähne. Doch im nächsten Augenblick wurde er auch schon von einem Rotfuchs zur Seite gedrängt, der neugierig seine Nase in meiner Tasche vergrub und nach einem Leckerbissen suchte.

Auch Pete wußte sich kaum noch zu helfen. „Hilfe!" Mit fliegenden Fingern suchte er seine Taschen ab. Ein Krümel Keks, ein Stückchen Schokolade, ein Rest Apfelschale – alles war ihm recht, wenn diese unverschämte Bande nur endlich Ruhe gab.

„So warte doch einen Moment!" Kopfschüttelnd schob ich den Fuchs zur Seite.

Ich zog den letzten Kringel einer Apfelschale aus der Tasche und wollte ihn für Silver Knight und den Rotfuchs in zwei Hälften teilen. Aber die Pferde wollten nicht länger warten. Beide schnappten gleichzeitig zu. Erschrocken sprang ich einen Schritt zurück und warf die Schale einfach auf den Boden. Zwei Köpfe fuhren blitzschnell herab. Und dann wurde der Rotfuchs böse. Er legte die Ohren an und zeigte Silver Knight angriffslustig die Zähne.

„Was ist denn hier los?" Die Stimme mit dem schottischen Akzent klang so böse, daß ich erschrocken herumfuhr. „Was fällt euch denn ein?" Im ersten Moment war ich erleichtert gewesen, daß noch rechtzeitig Hilfe auftauchte, doch dann schlug ich schuldbewußt die Augen nieder.

Unser Retter, ein etwa neunzehnjähriger Junge in der Kleidung eines Stallburschen, klatschte in die Hände und

trieb die aufgebrachten Pferde mit ein paar energischen Handbewegungen auseinander. Dann musterte er Pete und mich finster.

„Was bildet ihr euch eigentlich ein? Wie kommt ihr dazu, auf unserer Koppel zwischen all den wertvollen Pferden herumzustrolchen? Seine Lordschaft wird euch schon was erzählen!"

„Lord Glencairn hat uns erlaubt, seine Pferde zu besuchen." Petes Stimme klang nicht sehr überzeugend.

„So? Hat er das?" Der junge Schotte hob ungläubig die Augenbrauen. „Wer seid ihr überhaupt? Und was habt ihr mit Seiner Lordschaft zu tun? Aber wartet..." Seine Stimme wurde schärfer. „Ich habe eine Ahnung, wer ihr seid. Ich wette, ihr kommt von dem Reiterhof. Der Amerikaner hat euch wohl hergeschickt, was? Ihr sollt euch hier ein bißchen umsehen und eure frechen Nasen in Dinge stecken, die euch nichts angehen?"

„Nein, wir wollten nur Silver Knight besuchen", versuchte ich in sanftem Ton zu erklären. „Wir haben ihn gestern kennengelernt. Lord Glencairn hat uns in seinem Auto bis zum Reiterhof mitgenommen. Und er hat uns angeboten, wiederzukommen und seine Pferde zu sehen, so oft wir möchten."

„Okay! Aber der Lord ist nicht da, und jetzt habt ihr es mit mir zu tun. Ich habe die Verantwortung und muß bei Herrn Stirling, dem Verwalter, den Kopf hinhalten. Und ich gebe euch den Rat, hier schnellstens zu verschwinden. Und laßt euch nicht einfallen, heimlich zurückzukommen! Wir haben es nicht so gerne, wenn Fremde bei unseren Pferden herumlungern. Ist das klar?"

Ich wollte gerade zu einem entrüsteten Protest ansetzen, als Pete mich am Ellbogen faßte.

„Spar dir die Mühe, Schwesterchen! Der Typ glaubt uns ja doch nicht. Wahrscheinlich hat der Lord seine Einladung auch gar nicht ernst gemeint. Er wollte wahrscheinlich nur höflich sein."

Aus lauter Verzweiflung trat ich nach einem Büschel Gras.

Wie hatte ich mich auf diese Ferien gefreut! Wochen vorher hatte ich davon geträumt! Endlich sollte ich die Gelegenheit haben, den ganzen Tag mit Pferden zusammenzusein. Und endlich wollte ich auch die Chance nützen, Pete für meine geliebten Vierbeiner zu gewinnen.

Und da waren wir nun in Duncreggan – und es gab Ponys, mehr als genug. Aber jedermann war offenbar energisch bemüht, uns nicht in ihre Nähe zu lassen!

Niedergeschlagen folgte ich Pete zur Straße.

Ich war so enttäuscht, daß ich kaum auf meine Umgebung achtete. Und als plötzlich die Hupe eines Range Rovers erklang, schaute ich nicht einmal auf.

„Hallo, ihr beiden!" Es war Lord Glencairn, der uns freundlich durch das Wagenfenster zuwinkte. Ich konnte es kaum glauben.

Offenbar erging es dem Stalljungen ebenso. Als wir zu dem Range Rover liefen, um Lord Glencairn zu begrüßen, merkte ich, wie der dunkelhaarige Junge uns verblüfft anstarrte. Und dann hatte er es plötzlich sehr eilig und kam mit langen Schritten zu seinem Arbeitgeber gelaufen.

„Ich war auf der Suche nach euch beiden", erklärte der Lord, als er aus dem Wagen stieg. „Ich habe nämlich heute morgen zwei Gruppen von dem Reiterhof getroffen. Aber euch konnte ich nirgendwo entdecken. Also, was ist los? Keine Lust zu einem Ausritt?"

„Lust schon", gestand ich und zuckte die Achseln.

Pete war wegen unseres Pechs vom Vormittag nicht ganz so bekümmert, und er erzählte dem Lord, was geschehen war.

„Pferde, Pferde, wohin man auch schaut! Und nicht ein einziges für euch! Das ist es doch, nicht wahr?" Der Lord zwinkerte mir verständnisvoll zu. „Nun, das dürfen wir nicht zulassen. Ich habe da zufällig zwei Ponys und niemanden, der sie reiten will." Einen Augenblick schien sein Blick in weite Ferne zu schweifen. „Meine beiden Enkel leben viele tausend Meilen von hier entfernt. Mein Sohn betreibt nämlich mit seiner Frau eine Schafzucht in West-Australien." Er wandte sich an den Stallburschen, der uns erstaunt und verdrießlich zugleich ansah. „Bitte, Jock, lauf zu Three Acres und bring mir für unsere kleinen Freunde Beau und Forrester auf den Hof!"

## Ein geheimnisvolles Pferd

Wir kletterten in den Range Rover und fuhren gemeinsam zum Reitstall.

„Warum ist Silver Knight hier in Duncreggan?" fragte ich Lord Glencairn. „Die Saison für Springturniere ist doch mitten im Gange."

Pete versetzte mir entsetzt einen Stoß in die Rippen.

„Sei nicht so neugierig, Pippa!" zischte er.

Der Lord warf mir über die Schulter einen verblüfften Blick zu.

„Woher weißt du denn, daß Silver Knight an Springturnieren teilnimmt, Pippa? Hat Hamish Macdonald ihn wiedererkannt?"

„Das war gar nicht nötig." Ich schüttelte den Kopf. „Ich habe den Hengst schon im Fernsehen gesehen."

„So, dann bist du also eine Anhängerin von Springturnieren." Lord Glencairn lenkte seinen Wagen an den Straßenrand und machte einem Bus voller Urlauber Platz. „Dann hast du bestimmt auch noch andere Turnierpferde im Fernsehen gesehen. Würdest du die auch wiedererkennen, oder ist Silver Knight dein besonderer Liebling?"

„Jetzt schon. Schließlich habe ich ihn ja persönlich kennengelernt." Ich konnte meine Begeisterung nicht verbergen. „Aber ich glaube, ich würde auch noch viele andere wiedererkennen. Dieser Rotfuchs, den wir bei Silver Knight auf der Koppel gesehen haben, das ist Barney's Pride, nicht wahr?"

Lord Glencairn nickte.

„Richtig. Barney's Pride hat sich beim Großen Preis von Rotterdam eine Sehne gezerrt. Und Silver Knight muß eine Verletzung am Fesselgelenk auskurieren. Die meisten dieser Pferde hier sind mir zur Pflege anvertraut. Sie sollen sich aus dem einen oder anderen Grund in Duncreggan erholen."

Wir hatten den Hof erreicht, und Lord Glencairn lehnte sich für einen Augenblick in seinem Sitz zurück. Er sah mich nachdenklich an.

„Du hast eine gute Beobachtungsgabe, Pippa. Und anscheinend auch ein besonderes Gefühl für Pferde. Verfolgst du eigentlich nur die Springturniere, oder bist du auch an anderen Arten des Pferdesports interessiert?"

Pete kam mir zuvor.

„Ob Springreiten oder Geschicklichkeitsprüfungen, ob Dressur, Militaries oder Geländeritte, Pippa schwärmt für alles. Sogar für Galopprennen!" Er verdrehte ergeben die Augen gegen den Himmel. „Man braucht nur irgendeinen Wettbewerb zu erwähnen, und Pippa weiß Bescheid. Es gibt keine Übertragung, bei der sie nicht vor dem Fernseher hockt, und wenn sie noch so lange dauert. Pippa hat einfach einen Pferdefimmel!"

„Und Sachverstand noch obendrein." Der Respekt in Lord Glencairns Stimme war nicht zu überhören. Und bevor er aus dem Wagen stieg, schaute er erst Pete und dann mich an. Er machte ein sehr ernstes Gesicht. „Nun, kleines Fräulein, manchmal gehen im Pferdesport ziemlich eigenartige Dinge vor. Ich nehme an, du weißt das."

„Ja, da kennt sie sich auch bestens aus." Pete seufzte. „Gedopte Pferde; Pferde, die von der Konkurrenz für einen Wettbewerb untauglich gemacht werden; Pferde, die man quält, und Pferdediebstahl. Es gibt keinen Artikel über solche Skandale, den Pippa nicht ausgeschnitten hätte. Sie klebt sie alle in ein Buch. Und ich kann mir kein Pferdephoto denken, das je in einer Zeitung oder Illustrierten erschienen ist, das Pippa nicht gesammelt hätte."

„Nun, dann wiegt das, was ich euch jetzt zu sagen habe, um so schwerer." Lord Glencairn senkte die Stimme. „Manchmal kommt es vor, daß ich auch sehr wertvolle Pferde in meiner Obhut habe. Sie sollen sich bei mir erholen oder werden hier auf einen besonders wichtigen Wettbewerb vorbereitet. Aus Sicherheitsgründen wünsche ich nicht, daß ihre Anwesenheit in der ganzen Gegend bekannt wird. Darum schärft euch gut ein, was ich euch jetzt sage: Was ihr hier auch beobachtet, jedes Kommen und Gehen oder welches Stallgeschwätz auch immer – es ist nicht für fremde Augen und Ohren bestimmt! Ihr dürft bei niemandem ein Wort davon verlauten lassen. Habt ihr mich verstanden?"

„Natürlich, das ist doch Ehrensache", versprachen Pete und ich wie aus einem Munde.

„Gut, dann sind wir uns einig. Da kommt Jock!"

Der Stalljunge führte an einer Hand ein schwarzes Zuchtpony von ungefähr vierzehn Hand Höhe. Und an der anderen hatte er einen kleinen Goldfuchs mit flacher Nase und flachsblonder Mähne und Schweif, offensichtlich ein Waliser Pony mit Araberblut.

„Das schwarze ist Forrester, und der Goldfuchs heißt Beau", erklärte Lord Glencairn. „Pete kann Forrester reiten; und du, Pippa, du kommst bestimmt am besten mit Beau zurecht."

Ich muß wohl ein ängstliches Gesicht gemacht haben, denn Lord Glencairn nickte mir aufmunternd zu.

„Die beiden werden euch nicht viel Schwierigkeiten machen." Er führte Pete und mich zu den Ponys hin und drückte jedem von uns einen Halfter in die Hand. Jock stand dabei und musterte uns mißtrauisch. „Beau und Forrester sind ausgesprochen friedlich und sanft. Deshalb hatte ich die Ponys ursprünglich für meine beiden Enkel ausgesucht."

Wie gut, daß Carol uns am Morgen gezeigt hatte, wie man ein Pony für einen Ritt vorbereitet. Während wir die Tiere striegelten, beobachtete Lord Glencairn uns wohlwollend. Doch Jock hatte sich immer noch nicht mit unserem Besuch abgefunden und kniff finster die Augen zusammen.

„Beide Ponys sind an eine einfache Trensenzäumung gewöhnt." Lord Glencairn erklärte uns den Unterschied zwischen Trensen- und Kandarenzäumung. „Für die meisten Ponys ist die einfache Trense ohne zusätzliches Kandarengebiß am besten geeignet, ganz besonders dann, wenn ihre Reiter noch Anfänger sind. Ihr braucht nur einen Zügel zu führen, und es gibt keine Kinnkette, mit der ihr eurem Pony Schmerzen bereiten könntet. Das passiert nämlich sehr schnell, auch wenn man es gar nicht beabsichtigt."

Vorsichtig legten Pete und ich den Ponys die Zügel um den Hals. Wir nahmen ihnen den Stallhalfter ab, hielten das Kopfstück des Zaumzeugs in der einen Hand und drückten mit der anderen die Trense sanft gegen ihre Zähne. Beau und Forrester öffneten geduldig das Maul, und ich glaube, wir waren beide erleichtert, als wir ihnen das Eisen so ganz ohne Schwierigkeiten zwischen die Lippen schieben konnten. Jetzt brauchten wir ihnen nur noch das Zaumzeug über die Ohren zu ziehen. Lord

Glencairn zeigte uns, wie man mit ein paar Handgriffen die Mähne der Ponys glättete, damit die Haare nicht von den Lederriemen gedrückt werden. Und dann schnallten Pete und ich mit einem Aufatmen die Kehlriemen zu.

Das war geschafft! Und nun der Sattel. Behutsam legte ich meinem Pony den Sattel dicht am Halsansatz auf den Rücken und ließ ihn dann an seinen endgültigen Platz gleiten. So konnte ich sicher sein, daß Beaus Fell glatt unter dem Leder lag.

Nachdem ich den Sattelgurt zugeschnallt hatte, streckte Lord Glencairn mit einem geübten Griff bei meinem Pony erst das eine und dann das andere Vorderbein aus. Nun waren alle Hautfalten unter dem Sattelgurt verschwunden, und ich konnte ihn noch um ein Loch enger schnallen.

Pete war inzwischen auch fertig, und Lord Glencairn ließ uns aufsitzen, den Blick auf die Kruppe der Ponys gerichtet. So hatte ich es auch in der Reitschule gelernt.

,,Ihr müßt tief in der Sattelmulde sitzen. Und achtet darauf, daß eure Schultern, Hüften und Hacken eine gerade Linie bilden. Eure Stiefel müssen flach an den Flanken der Ponys liegen. Richtig so! – Nein, ihr dürft nicht den ganzen Fuß in die Steigbügel stecken! Der Fußballen genügt.

Haltet eure Hände in gleicher Höhe rechts und links vom Ponynacken. Ja, genau vor dem Sattel. Und drückt die Ellbogen an den Körper!"

Lord Glencairn nickte zu Jock hinüber, der uns mürrisch beobachtete.

,,Nun, Jock, wie heißt der schöne Vers?"

,,Reite mit freiem Herzen und erhobenem Kopf,
 halte Hände und Hacken nach unten,

die Knie eng an dein Pony
und deine Ellbogen dicht an den Körper!"

Jock leierte den Spruch lustlos herunter und machte ein derart feindseliges Gesicht, daß Pete und mir jedes weitere Wort im Hals steckenblieb. Mit betretenen Mienen ritten wir zur Koppel. Unter Lord Glencairns strengen Blicken drehten wir ein paar Runden im Schritt und wechselten dann in einen verhaltenen Trab über. Wir mußten uns tüchtig anstrengen, denn der Lord war nicht so leicht zufriedenzustellen wie Carol.

„Haltet eure Ponys im Zaum!" rief er. „Und laßt sie nicht ziellos herumschlendern! Wozu habt ihr eure Zügel? Ein bißchen Druck mit den Schenkeln, damit sie auch ausschreiten. Nehmt die Zügel kürzer! Das Pony muß auf den Zug reagieren und den Kopf beugen. Das nennt man ‚Versammeln‘."

Gegen Ende des Nachmittags hatten Pete und ich die ersten echten Fortschritte gemacht.

„Das reicht für heute. Steigt ab und lobt eure Ponys!" Er holte Zucker aus seiner Tasche und gab jedem von uns zwei Stücke. „Hier! Das haben Beau und Forrester jetzt verdient. Sagt ihnen, daß sie ihre Sache gut gemacht haben. Sie sollen sich doch freuen, wenn ihr das nächste Mal wiederkommt."

Pete und ich tauschten heimlich einen Blick aus. Wir durften wiederkommen! Und offenbar freute mein Bruder sich genauso darüber wie ich.

„Das schmeckt, nicht wahr?" murmelte ich liebevoll, als Beau mit weichen Lippen den Zucker aus meiner Hand nahm. Ich streichelte sanft seine Mähne und war so sehr mit meinem Pony beschäftigt, daß mir gar nicht auffiel, wie eine Gruppe von sechs Reitern an dem Gatter vorüberkam. Doch Pete hatte sie sofort bemerkt.

„Das hat uns noch gefehlt", flüsterte er mir zu, als wir Jock die beiden Ponys zurückbrachten. „Andy hat uns gesehen. Wir werden heute abend wohl nicht um eine Erklärung herumkommen."

Pete hatte ganz leise gesprochen, doch Jock mußte jedes Wort verstanden haben.

„Haltet bloß euren Mund!" fauchte er uns an. „Ihr wißt doch, was Seine Lordschaft gesagt hat. Kein Wort über die Dinge, die ihr hier seht. Und schon gar nicht über diesen Wagen dort!" Er wies auf einen großen roten Pferdetransporter, der gerade die Reiter passiert hatte und in die Hofeinfahrt rumpelte. „Still jetzt! Lord Glencairn kann uns hören."

Mit einem freundlichen Lächeln verabschiedete der Lord sich von uns.

„So, ihr beiden, nun seht zu, daß ihr schnell nach Hause kommt! Und wenn auf dem Reiterhof wieder einmal alle Ponys vergeben sind, dürft ihr gerne wiederkommen."

„Vielen Dank, Lord Glencairn, und auf Wiedersehen!"

Wir wollten gerade gehen, als der Pferdetransporter durch das Hoftor fuhr. Pete und ich mußten uns flach an die Wand pressen, denn für den großen Wagen war die Durchfahrt beinahe zu schmal.

„Hast du das gesehen?" raunte ich meinem Bruder zu. „Ich meine die Aufschrift auf der Wagenseite. JOHN DEVEREAUX, PFERDETRAINER, EPSOM."

„Ja und?" Pete war nicht im geringsten beeindruckt.

„Aber verstehst du denn nicht? John Devereaux ist einer der berühmtesten Pferdetrainer für Galopprennen. Er hat schließlich den diesjährigen Derbysieger trainiert.

Wenn in diesem Wagen ein Pferd aus seinem Stall ist, dann muß es schon ein ganz großer Star sein. Ich wüßte wahnsinnig gern, wen er nach Duncreggan bringen läßt."

„Vielleicht Champion, das Wunderpferd!" Pete grinste spöttisch. „Oh, komm, Pippa! Du schwebst mal wieder in den Wolken."

## JOCK GIBT UNS RÄTSEL AUF

„So, ihr beide nehmt also eure Reitstunden bei Seiner Lordschaft höchst persönlich", stichelte Andy, als wir alle zusammen beim Abendessen saßen.

„Ist das wahr?" Carol war überrascht. „Also, ich muß schon sagen, ihr habt Mut." Offenbar freute sie sich für uns.

„Trotzdem, es ist mir ein Rätsel, wie ihr das geschafft habt." Hamish schüttelte verwundert den Kopf. In seinen Augen stand unverhohlener Respekt. „Jedesmal, wenn ich Lord Glencairn in ein Gespräch verwickeln möchte, wird er stumm wie ein Fisch. Dabei bin ich immer sehr freundlich zu ihm. Schade...", fuhr er nachdenklich fort. „Nach allem, was man so hört, soll er ein erstklassiger Pferdekenner sein. Und wann hat man schon die Gelegenheit, mit einem echten Fachmann ein paar Erfahrungen auszutauschen?"

„Du denkst an Pferderennen, nicht wahr, Pa?" Andy lehnte sich in seinem Stuhl zurück. „Tja, wenn es darum geht, hätte ich auch nichts gegen einen guten Tip einzuwenden. Sagt mal, ihr zwei..." Er musterte Pete und mich fragend. „Als ich mit den Gästen an Lord Glencairns Reitstall vorüberkam, fuhr doch gerade ein Pferdetransporter auf den Hof. Ihr habt nicht zufällig gesehen, welches Pferd da gebracht wurde?"

„Nein, keine Ahnung." Pete schüttelte gleichgültig den Kopf.

„Wir waren schon fort, als der Wagen ausgeladen wurde." Ich gab mir Mühe, ein unbefangenes Gesicht zu machen.

„Ja", sagte Pete. „Wir haben ihn nur kommen sehen. Und wir mußten uns ganz flach an die Hauswand pressen, um ihn vorüberzulassen."

Andy gab sich zufrieden und fragte nicht weiter. Und Pete und ich vertieften uns erleichtert in unseren Apfelkuchen mit Schlagsahne, den Carol als Nachtisch zu ihrer Lammpastete gebacken hatte. Ab und zu warf ich meinem Zwillingsbruder einen heimlichen Blick zu. Er war bestimmt auch froh, daß Andy uns wegen unseres Besuchs bei Lord Glencairn keine Vorwürfe gemacht hatte und eigentlich nur ein bißchen neugierig war. Hastig schluckten wir unseren Kuchen hinunter. Wir hatten es eilig, vom Tisch aufzustehen, damit man uns nicht noch mehr Fragen stellen konnte.

Doch das sollte uns nicht gelingen.

Ich bin sicher, daß Carol es nur gut mit uns meinte. Doch mir wäre lieber gewesen, sie hätte sich nicht so genau nach den Ponys erkundigt, die wir bei Lord Glencairn geritten hatten. Mir war gar nicht wohl in meiner Haut, als ich von Beau und Forrester schwärmte und die beiden in allen Einzelheiten beschrieb.

Ich atmete auf, als wir endlich mit dem Essen fertig waren und Pete und ich zusammen zur Koppel gehen konnten, um die Ponys zu besuchen.

Wir sprachen gerade liebevoll mit Kirsty und Firefly, als Andy heranschlenderte.

„So ist es richtig", nickte er. „Die Ponys freuen sich über ein gutes Wort. Und diese beiden sind zwei liebe, brave Burschen. Trotzdem, nach den Superstars, die ihr heute nachmittag geritten habt, werden sie bei euch kaum noch eine Chance haben."

„Das ist nicht wahr!" Entrüstet schlang ich meine Arme um Kirstys Hals. „Alle Ponys sind liebenswert, und Kirsty ist ein richtiger Schatz. Sie ist das erste Pony, das ich striegeln durfte. Ich werde sie immer gern haben."

„So ein Glück! Hast du gehört, altes Mädchen?" Andy gab der grauen Stute einen freundlichen Klaps auf die Kruppe. Doch dann ließ er die Katze aus dem Sack. „Wie war das eigentlich heute nachmittag? Ihr habt doch bei dem Lord bestimmt allerhand tolle Pferde gesehen. Ich meine, was sind das für Pferde? Galopper oder Springpferde? Oder Jagdspringer?"

Er tat ganz unbefangen und machte ein gleichgültiges Gesicht, aber ich merkte sofort, daß er uns nur aushorchen wollte.

„Nach so etwas darfst du Pippa nicht fragen." Pete trat mir heimlich auf den Fuß, um mich an unser Versprechen zu erinnern. „Pippa hat einen Pferdetick. Sie hält alles, was auch nur entfernte Ähnlichkeit mit einem Pferd hat, gleich für einen großen Champion."

Mit einem energischen Griff packte er meinen Arm und zog mich zum Haus. „Also, bis dann, Andy!" rief er über die Schulter zurück.

Am nächsten Tag, am Samstag, hatten alle Ponys des Reiterhofs ihren Ruhetag. Die meisten unserer Gäste fuhren nach Hause zurück. Nur die drei Pfadfinder und die beiden älteren Damen, die im Hotel Halfway wohnten, wollten noch eine Weile bleiben. Natürlich erwarteten Hamish und Carol neue Urlauber. Sie sollten noch an diesem Abend in Duncreggan eintreffen.

„Heute wird nicht geritten, Kinder", kündigte Onkel Hamish beim Frühstückskaffee an. „Zumindest nicht auf unseren Ponys. Kirsty und Firefly haben ihren Ruhetag wahrhaftig verdient. Warum macht ihr nicht bei Lord Glencairn einen Besuch? Vielleicht dürft ihr noch einmal auf den beiden Ponys reiten, die er euch gestern gegeben hat."

„Ach nein." Ich tauschte über den Tisch mit Pete einen Blick aus. Wir hatten uns gestern abend vor dem Schlafengehen vorgenommen, Hamish und Carol mit all ihrer Arbeit nicht schon wieder alleinzulassen. Auch wenn die Ponys heute ihren Ruhetag hatten. „Wir können uns hier doch bestimmt ein bißchen nützlich machen. Sattelzeug putzen oder so etwas."

„Nun zerbrecht ihr beide euch mal nicht den Kopf über solche Männerarbeit!" warf Andy ein. Soviel Großzügigkeit, ausgerechnet von unserem Stiefvater, hatten Pete und ich wahrhaftig nicht erwartet. Verblüfft schauten wir ihn an. „Ich werde Carol und Hamish helfen", fuhr er fort. „Wenn ihr schon solche Glückspilze seid, dann solltet ihr ruhig auf Pa hören und Lord Glencairn besuchen. Schließlich hat man nicht oft die Chance, solche erstklassigen Ponys zu reiten wie Forrester und Beau."

Das ließen wir uns natürlich nicht zweimal sagen. Wir schlangen die Pfannkuchen mit Ahornsirup hinunter, die

Carol nach einem amerikanischen Rezept zum Frühstück gebacken hatte, und dann liefen wir auch schon den Hügel zum See hinunter.

Als wir uns dem Reitstall näherten, sahen wir, daß der Pferdetransporter immer noch auf dem Hof stand. Das Stroh auf der offenen Laderampe war zerdrückt und flach getreten. Offenbar war der Insasse des Wagens inzwischen fortgebracht worden. In diesem Augenblick streckte ein Pferd seinen schmalen, zierlichen Kopf über eine der Boxentüren. Das mußte der Neuankömmling sein, ein Hengst mit hellbraunem Fell und einer langen weißen Blesse auf der Nase.

„Der sieht ja wie Ballantrae aus!" Ich wollte meinen Augen kaum trauen. Aufgeregt lief ich zur Box hinüber und hielt dem Pferd ein Stück Zucker hin, das ich für Beau mitgebracht hatte. Die Ohren des Hengstes zuckten aufmerksam. Dann beugte er seinen seidig glänzenden hellbraunen Hals, senkte seinen edlen Kopf mit den sanften dunklen Augen über meine Hand und nahm vorsichtig den Zucker zwischen die Zähne. Dabei entdeckte ich auf seinem Widerrist einen eigenartigen runden Fleck, einen Kreis weißer Haare, wie er nach einer Verletzung zurückbleibt. Diese Zeichnung war unverkennbar. Und ich war sicher, daß ich sie in der Farbbeilage einer Zeitung schon einmal gesehen und etwas darüber gelesen hatte. Es war der silberne Kreis, den die Rennjockeys „Ballantraes Glückspfennig" nannten. Und kein Reiter startete mit Ballantrae zu einem Rennen, bevor er nicht diese Stelle geküßt hatte.

„Tatsächlich, Pete, es ist Ballantrae!"

Mein Zwillingsbruder kniff skeptisch die Augen zusammen. „Das ist doch unmöglich. Woher willst du das denn wissen?"

„Schließlich habe ich Silver Knight und Barney's Pride auch erkannt, oder? Und bei Ballantrae gibt es ein unverwechselbares Merkmal. Man muß es nur wissen. Hier, sieh dir seinen Glückspfennig an!"

„Psst!" warnte Pete. „Da kommt Jock."

„Was? Ihr seid ja schon wieder da!" Der Stalljunge machte alles andere als ein freundliches Gesicht. „Seine Lordschaft ist nach Inverness gefahren."

„Also, dann können wir heute eben nicht reiten." Pete ließ sich seine Enttäuschung nicht anmerken.

„Das habe ich nicht gesagt", räumte Jock brummend ein. „Der Lord hat mir aufgetragen, euch die Ponys zu geben, falls ihr herkommt. Aber ich soll in eurer Nähe bleiben, damit euch nichts passiert." Er spuckte den Grashalm aus, auf dem er gekaut hatte. „Ich kann mir wahrhaftig was Besseres vorstellen, als bei euch das Kindermädchen zu spielen. Aber was Seine Lordschaft sagt, wird gemacht. Also, ich gehe nur schnell zur Koppel und hole Forrester und Beau."

„Können wir nicht gleich mitkommen?" fragte ich.

„Ja", nickte Pete. „Es ist doch viel besser, wenn wir die Ponys selbst fertig machen."

„Wenn ihr unbedingt wollt." Jock zuckte mürrisch die Schultern. „Dann kommt mit in die Sattelkammer. Wir müssen erst das Zaumzeug holen."

„Hey, was ist denn los?" rief eine Stimme mit häßlichem, breitem Akzent von dem Heuboden herunter. Verblüfft fuhren Pete und ich herum. „Kann man denn hier nicht einmal in Ruhe 'ne Runde pennen?" Ein schmutziges Gesicht unter schulterlangen, blonden Haaren tauchte über den Strohballen auf. Und dann erschien auf der obersten Treppenstufe ein grobschlächtiger Junge in Jeans und einem verknitterten Hemd.

„Bleib, wo du bist, Alfie!" rief Jock hastig. „Kein Grund zur Aufregung. Das sind nur die beiden Grünschnäbel, von denen ich dir erzählt habe."

„Die Gören etwa, an denen der Lord einen Narren gefressen hat?" Der Junge mit dem Namen Alfie grinste zu Pete und mir herüber und zupfte ein paar Strohhalme von seinem Hemd. „Na, dann laßt euch nicht stören. Ich habe mich hier oben nur mal kurz aufs Ohr gehauen, bevor ich mich mit dem Pferdetransporter wieder auf den Weg nach dem guten, alten London mache."

„Wieso London? Ich dachte, du kämest aus Epsom." Pete stutzte.

„Sieh mal einer an! Du bist ja ein ganz Schlauer." Alfie musterte meinen Zwillingsbruder mit zusammengekniffenen Augen. „Gar nicht so dumm, Freundchen! Stimmt schon, der Wagen kommt aus Epsom. Aber ich wohne in Wapping. Eigentlich fahre ich einen Möbelwagen. Aber ich mußte 'nem Kumpel einen Gefallen tun. Deshalb habe ich die Tour mit dem Transporter übernommen."

„Hast du etwa einen Freund in Devereauxs Reitstall?" Das interessierte mich natürlich. „Oh, Alfie, du bist ein Glückspilz! Das muß doch riesig sein, wenn man einen Derbysieger fahren darf!"

„Derbysieger?" Alfie lachte. „Du machst wohl Witze. Wer würde denn den großen Ballantrae einem einfachen Möbelpacker anvertrauen?"

„Jetzt reicht's aber! Was soll der ganze Unsinn?" Jock schnitt mir verärgert das Wort ab. „Halte den Mund und denke daran, was man dir gesagt hat!" Er ging zur Tür der Sattelkammer. „Wenn ihr heute vormittag noch reiten wollt, dann kommt endlich!"

Petes Sturz

Jocks üble Laune hielt den ganzen Morgen an. Er nörgelte ohne Unterlaß an uns herum. Was wir auch taten – ob wir unseren Ponys die Hufe reinigten, sie abrieben, striegelten und aufzäumten, er hatte an allem etwas auszusetzen. Doch heute sollte es ihm nicht gelingen, mir die gute Laune zu verderben. Ich war glücklich, als wir endlich in Forresters und Beaus Sättel geklettert waren und auf die Landstraße hinausritten. Jock begleitete uns auf Chieftain, einem grauen Hochländer.

Beau setzte seine Schritte mit federnder Leichtigkeit, und die Art, wie der kleine Waliser seinen stolzen Kopf trug, zeigte deutlich das Araberblut, das in seinen Adern floß. Das Sonnenlicht glänzte auf seinem goldenen Fell, und seine flachsblonde Mähne spielte leicht im Wind.

Ich konnte es kaum fassen, daß ich so ein herrliches Pony reiten durfte. Dabei war ich ja schon selig, daß ich überhaupt reiten konnte! Noch vor drei Tagen hatte ich meine Reitversuche auf einem Ponyrücken an zwei Händen abzählen können. Und nun saß ich im Sattel und ritt ein erstklassiges Pony mit Araberblut. Und ich hatte das Gefühl, als ob es nie anders gewesen wäre!

Die Zügel lagen nicht wie früher steif und unnachgiebig in meinen Händen. Es bereitete mir keine Schwierigkeiten mehr, meine Fußspitzen in den Steigbügeln zu halten, und als Jock das Kommando zum Trab gab, folgte ich gelöst dem Rhythmus von Beaus Schritten und federte in meinem Sattel mit.

Pete erging es ebenso. Er lächelte, und seine Augen blitzten vor Begeisterung. Ganz offensichtlich genoß er das neue Gefühl, die Welt von einem Pferderücken aus zu erleben.

Ich war glücklich. Scheinbar endlose Ferien lagen vor mir – Tage, an denen ich nur mit Ponys zu tun haben würde. Und jeder Tag würde mir Kirsty, Firefly, Forrester und Beau ein wenig näher bringen.

Zügig ritten wir in das Moorland hinauf. Die grauen Feldsteinmauern am Straßenrand glitten an uns vorüber, und die blühende Heide zog sich wie ein dichter Teppich über die Hügel. Ihre rosa und purpurroten Blüten setzten helle Tupfer in das dunkle niedrige Laub wie das Spiel von Licht und Schatten unter einer strahlenden Sommersonne.

Vom Rücken seines grauen Jagdponys warf Jock uns einen prüfenden Blick zu.

„Ich glaube, hier können wir es mal mit einem verhaltenen Galopp versuchen", schlug er vor. „Nehmt die Zügel kurz und gebt acht, daß eure Ponys nicht mit euch davonrennen! Und bildet euch bloß nicht ein, daß ihr schon erfahrene Reiter seid!"

Ein richtiger Galopp ist etwas Herrliches. Begeistert spürte ich, wie Beau sich unter mir streckte und seine Bewegungen weich und fließend wurden. Seine Hufe dröhnten dumpf auf dem weichen Torfboden. Irgendwo in der Ferne stieß ein Brachvogel seinen gurrenden Ruf aus.

„Los, Pippa!" rief Pete mir über die Schulter zu. „Wer ist als erster oben auf dem Grat?"

„Halt, ihr beiden!" Jock drückte seinem stämmigen Chieftain die Hacken in die Flanken. „Werdet bloß nicht übermütig! Schließlich reitet ihr keine braven, einfachen Schulponys. Und der Lord will nicht, daß sie sich verausgaben."

Beaus gleichmäßiger, sicherer Schritt machte mir Mut. So gefährlich konnte ein kleines Wettrennen doch nicht sein. Leicht schlug ich meine Absätze gegen Beaus Flanken. Die Ponys streckten ihre Hälse aus. Ihre Ohren legten sich flach an den Kopf, und mit wehendem Schweif wurden sie schneller. Dunkle Schweißflecken standen auf ihrem Fell, als sie in scharfem Galopp über die Heide jagten.

Die Geschwindigkeit erfaßte uns wie ein Rausch. Alle Vorsicht war plötzlich vergessen. Meine Reitkappe flog

davon, und ich spürte, wie mir der Wind durch das Haar fuhr. Noch hatte Pete auf Forrester einen kleinen Vorsprung, aber mein kleiner Goldfuchs war fest entschlossen, sich nicht schlagen zu lassen. Er schritt weit aus und kam den beiden immer näher.

„Kommt gefälligst zurück!" Der Wind trug Jocks wütende Stimme herüber. „Seid ihr verrückt geworden?"

Und dann, scheinbar aus dem Nichts, flog plötzlich ein Stein. Er traf Forrester genau an der Kruppe. Mitten im Lauf schrie das Pony auf, schien eine Sekunde lang wie erstarrt und warf sich dann unvermittelt herum. Pete flog in hohem Bogen in das Heidekraut.

Verwirrt bremste auch Beau ab. Ich verlor einen Steigbügel und prallte hart auf seinem Hals auf. Irgendwie gelang es mir, wieder in den Sattel zu kommen, aber nun wurde der kleine Goldfuchs nervös und bockte.

„Halt, was ist denn in dich gefahren?" Jock donnerte auf Chieftain heran und packte Beaus Zaumzeug dicht bei der Trense. „Zieh seinen Kopf hoch!" fuhr er mich an. „Bring ihn zum Stehen! So, jetzt kannst du ihn drehen."

Mit vereinten Kräften konnten wir Beau schließlich beruhigen. Meine Beine zitterten, als ich aus dem Sattel sprang und Pete zur Hilfe eilte. Doch mein Bruder hatte sich schon wieder aufgerappelt und kam ein wenig benommen hoch.

„Hier, halte Beaus Zügel fest! Und kümmert euch um Forrester! Er darf nicht weglaufen." Jock wies mit dem Kopf zu der Stelle, an der Forrester mit schleifenden Zügeln wartete. Dann trabte er mit Chieftain zu einem Ginstergebüsch ganz in unserer Nähe.

Ein Junge in unserem Alter tauchte zwischen den Ginsterzweigen auf. Er sah in seinem ausgebleichten Kilt und seiner geflickten Jacke sehr schäbig aus, und als der Stallbursche näherkam, nahm er ängstlich Reißaus. Doch ein kurzer Ruf von Jock genügte, und Chieftain setzte ihm eilig nach.

„Nicht, Jock, du überrennst mich ja!" Der Junge warf sich flach in die Heide. Gegen das Pony hatte er keine Chance.

„Das hättest du auch wahrhaftig verdient, Donald!" Jock sprang aus dem Sattel und stand drohend über dem Jungen. „Ich sollte dir das Fell über die Ohren ziehen. Wie kommst du dazu, hier mit Steinen zu werfen? Wenn du Forrester nun am Auge getroffen hättest? Oder wenn er sich ein Bein gebrochen hätte?"

„Das Genick hätte er sich brechen können. Und ich dazu! So sehr hast du das Pony erschreckt!" Pete fiel, Forrester fest am Zügel, erbost in Jocks Vorwürfe mit ein.

„Und wozu das alles?" Jock beugte sich zu dem Jungen herab und ballte die Faust. „Warum machst du so etwas?" Du mußt dir schon einen plausiblen Grund einfallen lassen, wenn du keine Prügel beziehen willst."

„Ich wollte doch dem Pony nichts tun. Glaub mir das, Jock! Aber die Fremden sollen aus Duncreggan verschwinden. Das war doch so ausgemacht, oder?"

„Die Fremden vielleicht", grollte Jock. „Aber die Leute vom Reiterhof und diese beiden hier sind zweierlei. Kann ja sein, daß sie naseweis sind, und ich hätte auch nichts dagegen, wenn sie wieder dorthin gingen, wo sie hergekommen sind. Aber wenn Pippa und Pete auf den Ponys Seiner Lordschaft reiten und ich bei ihnen bin, dann ist sie die junge Lady und er der junge Herr. Und so werden sie auch behandelt. Ist das klar?"

Auf dem Weg zurück in den Reitstall saßen Pete und ich kleinlaut und niedergeschlagen im Sattel. Ich fand meine Reitkappe wieder, und Jock hielt mir einen langen Vortrag über Reitunfälle ohne den richtigen Kopfschutz.

„Drück dir die Kappe fest auf den Kopf und binde sie unter dem Kinn auch ordentlich zu!" fuhr er mich an und schilderte mir ausführlich und in den düstersten Farben, welche Verletzungen man sich bei einem Sturz ohne Kopfschutz zuziehen konnte. Jock war furchtbar wütend, und Pete und ich ließen seine Gardinenpredigt stumm über uns ergehen.

„Ihr wißt überhaupt nicht, wie gefährlich es ist, wenn man sein Pony so unvernünftig antreibt. Bevor man weiß, was geschieht, hat man die Kontrolle über sein Pferd verloren. Ihr könnt doch kaum richtig im Sattel sitzen, und schon wollt ihr Wettrennen veranstalten und im

Galopp davonrasen!" Er schaute uns kopfschüttelnd an und zuckte dann verdrießlich mit den Schultern. „Mir kann es ja egal sein, wenn ihr euch die Knochen brecht. Aber wenn ihr mit mir unterwegs seid, dann tut ihr gefälligst, was ich euch sage! Ich habe mich nicht darum gerissen, bei euch den Reitlehrer zu spielen. Aber nun hat Seine Lordschaft mir diesen Job einmal aufgetragen, und darum mache ich meine Sache auch richtig."

„Was hat Donald eigentlich gemeint, als er sagte, die Fremden sollten aus Duncreggan verschwinden?" Ich versuchte, das Thema zu wechseln.

„So etwas ähnliches haben wir auch schon von unserem Vetter Andy gehört", warf Pete ein. „Er meinte, daß der Reiterhof bei manchen Einheimischen nicht besonders beliebt ist. Ich verstehe das nicht. Die Leute sollten doch froh sein. Der Reiterhof bringt Gäste nach Duncreggan. Und das bedeutet doch für alle ein gutes Geschäft und mehr Verdienst."

„Schon, aber die Leute in Duncreggan sind ziemlich verschlossen." Jock kehrte plötzlich den Schotten heraus. Er machte ein abweisendes Gesicht und ließ uns deutlich spüren, daß uns die Angelegenheiten der Einheimischen nichts angingen. „Sie sind einfach nicht an Fremde gewöhnt und mögen es nicht, wenn sie in Scharen hier herumlungern, alles mögliche photographieren wollen und dumme Fragen stellen."

„Warum denn?" Ich war fast ein wenig gekränkt. „Haben sie denn etwas zu verbergen?"

„Natürlich nicht! Aber der Lord hat dir doch alles schon erklärt." Jock preßte seine Lippen zu einem schmalen Strich zusammen. „Wir haben hier sehr viel mit Pferden zu tun. Und leider gibt es immer wieder ein paar

Gauner, die daraus ihren Profit schlagen wollen. Das ist alles. Und jetzt will ich kein Wort mehr davon hören! Habt ihr beide mich verstanden?" Über Chieftains Hals schaute er Pete und mich eindringlich an. „Das gilt ganz besonders für dich, junge Dame!" Seine dunkelbraunen Augen hielten meinen Blick fest, und einen Augenblick lang hatte ich das Gefühl, als wollte er mir seinen Willen aufzwingen. „Jetzt ist Schluß mit deinem dummen Gefasel über Derbysieger! Und zwar endgültig!"

## Alle sind gegen uns

Als wir auf dem Reiterhof ankamen, empfing Carol uns mit schlimmen Nachrichten.

„Frau Moffat vom Postamt hatte mir für drei Mädchen Zimmer mit Frühstück versprochen. Und jetzt hat sie plötzlich abgesagt. Angeblich will ihr Mann renovieren, und dieses Zimmer soll auch neu tapeziert werden. Das ist wirklich unangenehm. Was mache ich denn jetzt?"

„Gib ihnen doch Pippas Zimmer!" Pete hatte den gleichen Gedanken wie ich. „Sie kann in dem Klappbett schlafen, und ich zelte draußen bei den Pfadfindern. Mir würde das Spaß machen."

„Was sagst du denn dazu, Pippa?" Carol sah mich eindringlich an. „Ich möchte auf keinen Fall, daß sich einer von euch zurückgesetzt fühlt."

„Aber das tun wir doch auch nicht. Es macht uns bestimmt nichts aus", versicherte ich. „Erstens darfst du diese Mädchen nicht enttäuschen, Carol, und dann mußt du auch an den Verlust denken, der dir entstehen könnte. Ich stelle mir das sehr lustig vor, Pensionsgäste im Haus zu haben. Und beim Kochen helfe ich dir."

Nach dem Abendessen kam die nächste unangenehme Überraschung. Den beiden älteren Damen, die im Hotel Halfway wohnten, hatten die Ausflüge zu Pferd soviel Freude gemacht, daß sie sich entschieden hatten, ihren Urlaub um eine Woche zu verlängern.

Pete brachte gerade seine Sachen zu den Pfadfindern, Andy kontrollierte noch einmal die Ponys für den Ausritt am nächsten Tag, und Carol stand mit nassen Händen vor dem Spülbecken und wusch das Geschirr ab. Da klingelte das Telefon. Ich legte das Geschirrtuch zur Seite und nahm den Hörer ab.

Eine der beiden Schwestern Edwards war am Apparat.

„Es tut uns leid, daß wir noch so spät stören, Kleines." Die Stimme der alten Dame klang ziemlich aufgebracht. „Aber meine Schwester und ich sind in einer schwierigen Lage. Ihr wißt ja, daß wir unseren Aufenthalt hier im Hotel Halfway für eine Woche verlängert haben. Aber nun hat uns Herr Nicol erklärt, daß wir den Raum für andere Gäste freimachen müssen. Anscheinend haben sich für dieses Wochenende alte Stammgäste angemeldet, denen Herr Nicol unmöglich absagen kann. Wir haben uns schon im ganzen Dorf erkundigt, aber anscheinend hat niemand ein Zimmer frei. Wir möchten aber auch nicht auf diese Woche Urlaub verzichten und wieder nach Hause fahren. Deshalb dachten wir, daß Frau Macdonald uns vielleicht weiterhelfen kann."

„Ganz bestimmt, Fräulein Edwards!" beruhigte ich die alte Dame. Dieser plötzliche Mangel an Betten in Duncreggan kam mir ziemlich eigenartig vor. Pete und ich waren zwar erst ein paar Tage hier, aber wir hatten nicht den Eindruck, als ob es im Dorf von Besuchern nur so wimmelte.

„Sie bringen am besten gleich morgen ihr Gepäck zu uns. Wir werden Sie und Ihre Schwester schon irgendwie unterbringen."

Zum Glück nahm Carol die Nachricht ziemlich gelassen auf. Sie hatte auch gleich eine Idee, wie wir für zwei zusätzliche Gäste im Haus Platz schaffen konnten.

„Andys Zimmer!" sagte sie. „Er kann doch auch zu den Pfadfindern ziehen. Und wenn er das nicht möchte, können wir ihm immer noch auf dem Speicher über den Ställen ein Lager aufschlagen."

Andy hatte gegen unseren Plan nichts einzuwenden. Noch am selben Abend baute er zusammen mit Hamish auf dem Speicher ein Campingbett auf. Carol fand noch eine Matte für den Fußboden, und ich half ihm, seine Bücher und Zeitschriften hinüberzutragen. Mit einem großen Poster von Kalifornien und ein paar Bildern von Pop-Stars an der weißgetünchten Wand wurde aus dem Speicher sogar ein netter, gemütlicher Raum.

„Gar nicht so übel, meine neue Bude!" Ich hatte Andy den letzten Rest seiner Sachen die Leiter hinaufgereicht, und nun sah er sich prüfend in seinem neuen Reich um. „Trotzdem, das alles kommt mir vor, als ob ich das Feld räumen sollte. Pa hat wieder geheiratet, und ich schätze, daß er und Carol den Platz im Haus für sich allein haben wollen."

„So etwas darfst du nicht einmal denken, Andy!" Der Gedanke, daß sie die gute Beziehung zwischen Vater und Sohn gestört und Andy aus dem Haus getrieben hatte, würde Carol bestimmt großen Kummer bereiten. „Du verstehst dich doch gut mit Carol."

„Es geht, schätze ich." Unter dem spärlichen Flaum seines blonden Schnurrbarts verzog Andy skeptisch die Lippen. „Aber ich traue ihrem süßen Getue nicht. Wahrscheinlich will sie damit nur bei Pa Eindruck machen. Sie ist bestimmt heilfroh, wenn sie erst einmal mit ihm allein und ungestört ist. So sind frisch Verheiratete nun einmal. Ein Dritter fühlt sich da immer wie das fünfte Rad am Wagen. Außerdem wirft unser Betrieb für drei Leute auch nicht genug ab."

„Das ist nicht wahr!" widersprach ich. „Gerade jetzt gibt es genug Arbeit, um uns alle ganz schön in Atem zu halten. Besonders, nachdem Carol nun auch noch einen Teil der Gäste selbst versorgen muß. Sie wird nicht mehr viel Zeit haben, sich auch noch um die Pferde zu kümmern. Sie und Hamish sind auf deine Hilfe angewiesen."

„Klar, daß sie Hilfe brauchen!" Andy zuckte gleichgültig mit den Schultern. „Und da kommen Pete und du ja wie gerufen. Aber mit mir könnt ihr nicht rechnen. Ich halte nichts von noch mehr Arbeit für wenig Geld. Ich habe andere Pläne. Und da könnten Pete und du mir einen Gefallen tun. Wie wäre es, wenn ihr bei eurem noblen Freund für mich ein gutes Wort einlegen würdet? Lord Glencairn hat jede Menge Beziehungen. Es muß für ihn doch eine Kleinigkeit sein, mich irgendwo in einem guten Rennstall unterzubringen. Das würde jedenfalls weit mehr einbringen, als auf einem miesen Reiterhof den Lückenbüßer zu spielen."

*

Am anderen Morgen standen die beiden Schwestern Edwards mit ihren Koffern auf dem Hof. Und es waren kaum zehn Minuten vergangen, da tauchte eine Gruppe von vier anderen Gästen an der Einfahrt auf. Es waren zwei Jungen und zwei Mädchen, die ihre Rucksäcke auf dem Rücken trugen und uns bekümmert erzählten, daß die Leute auf Grants Bauernhof sie fortgeschickt hatten.

„Können wir nicht bei Ihnen wohnen, Frau Macdonald?" bettelte ein Junge mit rotbraunen Haaren. Er war ungefähr siebzehn Jahre alt und schien der Anführer der Gruppe zu sein. „Seit Weihnachten haben wir für diese Reiterferien gespart. Da können Sie uns doch nicht einfach wieder nach Hause schicken."

„Bitte, helfen Sie uns doch!" Eines der Mädchen schaute Carol flehentlich an. Es hatte langes, blondes Haar und blaue Augen. „Wir schlafen in der Scheune oder irgendwo draußen in einem Zelt. Das ist uns ganz egal, wenn wir nur bleiben können. Reiterferien waren schon so lange unser Traum."

Carol warf Hamish einen ratlosen Blick zu.

„Ich weiß nicht, was ich sagen soll. Wir haben einfach nicht soviel Platz."

„Und auch nicht die Zeit, uns darum zu kümmern." Andy deutete vielsagend auf das Zifferblatt seiner Armbanduhr. „Um elf Uhr wird der Pfarrer aus dem Dorf hier sein und für die Reiter den Gottesdienst abhalten. Und vorher müssen wir die Gäste noch mit ihren Ponys bekanntmachen."

„Als ob ich das nicht wüßte!" Mit einer abwesenden Gebärde strich Carol sich eine blonde Haarsträhne aus der Stirn. „Ich weiß wirklich keinen Rat. Aber irgendwo müssen wir die jungen Leute unterbringen! Bisher konnten wir uns immer auf die Hilfsbereitschaft der Einheimischen verlassen. Aber wenn das nicht mehr geht, ja, ich fürchte, dann müssen wir aufgeben."

Niemand fand eine Lösung für das Problem der vier jungen Leute. Niedergeschlagen gingen wir zur Koppel, und als wir den Gästen die Ponys vorstellten, wollte auch keine rechte Stimmung aufkommen. Später versammelten sich alle mit ihren Pferden zu einem Kreis im Hof, wo Reverend Maitland seinen wöchentlichen Gottesdienst abhalten wollte. Als der Geistliche auf einer Futterkiste seinen Platz eingenommen hatte, brach die Sonne durch die Wolken, und eine Lerche trillerte hoch am Himmel.

Wir stimmten ein Loblied auf die Schöpfung an. Jedes Wort in dem Choral schien eigens für diesen hellen, sonnigen Tag und die friedlichen Tiere in unserer Mitte erdacht worden zu sein. Und jeder von uns hätte glücklich den Augenblick genossen, wenn da nicht Carols und Hamishs Sorgen mit ihren feindseligen Nachbarn gewesen wären. Es war doch eigenartig, daß zwei Familien und der Besitzer des Hotels Halfway ohne jeden Grund von ihren Versprechungen nichts mehr wissen wollten und die Gäste des Reiterhofs von heute auf morgen fortschickten.

Und dann war da auch noch der Zwischenfall mit Donald, der gestern den Stein nach uns geworfen hatte. Das alles kam mir sehr geheimnisvoll vor. Aber was steckte dahinter? Wer hatte den Unfrieden angestiftet? Und warum?

Wir sangen den letzten Vers des Chorals, und als Hamish die letzten Akkorde auf seiner Gitarre verklingen ließ, begann der Geistliche mit seiner Predigt. Schon bei seinen ersten Worten fuhr ich überrascht aus meinen Gedanken auf.

„Statt meiner üblichen Predigt möchte ich euch alle von Herzen in Duncreggan willkommen heißen und euch die Hand der Freundschaft und Gastlichkeit reichen.

Leider mußte ich feststellen, daß sich in unserem Dorf eine ganz ungewöhnliche und unselige Mißgunst ausbreitet. Das hat dazu geführt, daß man einigen von euch die Tür gewiesen hat. Es scheint, als seien böswillige und ungastliche Kräfte am Werk. Doch das Böse sollte mit Gutem bekämpft werden.

Ich möchte euch sagen, daß für jeden in dieser Runde, der keine Unterkunft gefunden hat, das Gemeindehaus offensteht. Die weiblichen Gäste können unser Sitzungszimmer benutzen, und für die männlichen Gäste ist im Hauptgebäude genügend Platz. Die Pfadfinder aus unserer Gegend haben mir Campingbetten und Decken angeboten. Außerdem haben wir im Haus eine Kochgelegenheit und genügend Geschirr.

Ich hoffe, daß ich mit diesem Angebot helfen kann, eure Probleme zu lösen. Gleichzeitig möchte ich auch ein wenig von dem Schaden gutmachen, den man dem Reiterhof zugefügt hat."

Er wandte sich an Carol und Hamish, die ihn erstaunt und erleichtert zugleich anschauten.

„Wir in Duncreggan brauchen zusätzliche Verdienstmöglichkeiten. Und etwas Besseres als den Reiterhof könnte ich mir dazu gar nicht vorstellen. Es ist eine gute Sache, wenn man Fremde und die Menschen aus der Stadt hinaus in Gottes freie Natur zu Seen und Bergen bringt, wo sie Erholung und – wie wir hoffen – Frieden finden."

## Eine Überraschung

„Warum nehmt ihr euch nicht Kirsty und Firefly und macht einen kleinen Ausflug zusammen?" schlug Carol nach dem Mittagessen vor. „Hamish, Andy und ich werden den ganzen Nachmittag beschäftigt sein. Wir müssen die Anfänger einweisen und mit den anderen einen Proberitt machen, damit wir ihnen das passende Pony zuteilen können."

„Was? Pippa und ich dürfen ganz allein ausreiten? Das traust du uns zu?" Pete strahlte Carol an. Offenbar freute er sich riesig, daß sie so großes Vertrauen in unsere Reitkünste setzte.

„Ihr werdet schon zurechtkommen. Außerdem sind Kirsty und Firefly die Ruhe selbst. Die beiden werden schon auf euch aufpassen." Und sie zwinkerte uns vergnügt zu.

Ich war trotzdem aufgeregt. Schließlich war es das erste Mal, daß wir ganz allein mit unseren Ponys unterwegs waren.

Kirsty war zwar nicht so stämmig und behäbig wie viele andere Hochlandponys, aber sie schritt doch viel verhaltener und bedächtiger aus als Beau. Sie reagierte auch langsamer. Beau hatte die Angewohnheit, bei jedem fremden Geräusch und jeder unerwarteten Bewegung den Kopf aufzuwerfen und die Nüstern zu blähen. Doch Kirsty ließ sich durch nichts beeindrucken, und ich fühlte mich auf ihrem Rücken vollkommen sicher.

„Welchen Weg sollen wir nehmen?" fragte ich Pete, als er das Gatter hinter uns verschloß.

„Den Bergpfad hinauf und am Hotel Halfway vorüber", schlug er vor. „Die Gegend dort oben kennen wir noch gar nicht."

Ich straffte die Zügel und drückte meine Schenkel leicht gegen Kirstys Flanken. Nach einem kurzen Trab verfiel sie jedoch schnell wieder in ihren gewohnten, gemächlichen Schritt. Die meisten Schulpferde sind an ein ruhiges Tempo gewöhnt, und Kirsty sah anscheinend keinen Grund, ihre täglichen Gewohnheiten zu ändern.

„Du kannst sie ruhig mit deinen Absätzen anspornen. Sie schläft ja beinahe ein!" Pete hatte mit Firefly die gleichen Schwierigkeiten. „Der Reiter bestimmt das Tempo. Das hat Lord Glencairn gesagt. Ein Pony muß schon am Druck der Trense spüren, daß es geführt wird."

Nach einem erneuten Schenkeldruck und einem leichten Schlag mit den Absätzen schritt Kirsty schließlich ein wenig williger aus. Mit gesenktem Kopf gehorchte sie den Zügeln, sammelte sich und trabte endlich fügsam vorwärts. Eigentlich war zwischen ihr und Beau gar kein so großer Unterschied.

Die graue Hochland-Stute war neun Jahre alt. Also alt genug, um vernünftig zu sein, wie Carol gesagt hatte. Trotzdem war Kirsty noch weit davon entfernt, sich müde und gebrechlich vorwärts zu schleppen. Ein wenig Ansporn und Führung genügten schon, und die kleine Stute schnaubte vergnügt und schien sich an ihre fast vergessene Jugend zurückzuerinnern.

Nicht jedoch Firefly.

Das dunkelbraune Pony blickte bockig unter seiner zottigen Mähne hervor. Pete mußte seiner Stute so manches Mal die Hacken in die Seiten drücken, bevor sie sich bequemte, mit Kirstys zügigem Trab Schritt zu halten.

Schon bald wand sich unser Weg steil den Hang hinauf. Vorsorglich zügelten wir unsere Ponys zu einem langsamen Schritt. Und dann sahen wir auch schon das Hotel Halfway vor uns liegen. Dafür, daß Herr Nicol gestern noch zwei unserer Gäste wegen angeblicher Überfüllung fortgeschickt hatte, sah das Haus heute überraschend verlassen aus. Nur der Chevrolet, der Wagen des Besitzers, stand auf dem Parkplatz. Doch dann entdeckte ich noch ein anderes Fahrzeug, einen großen Laster, der gut versteckt hinter einem dichten Gehölz von Holundersträuchern parkte.

„Sieh mal, Pete!" Ich wies mit meiner Reitgerte zu den Sträuchern hinüber. „Ist das nicht der Pferdetransporter, der Ballantrae zu Lord Glencairns Hof gebracht hat? Ich dachte, Alfie wäre jetzt schon auf der Autobahn und auf dem Weg zurück nach Epsom."

„Wahrscheinlich ist es ein anderer Wagen." Pete fand nichts Besonderes daran. „Nicht jeder rote Pferdetransporter kommt unbedingt aus John Devereaux Reitstall, du Schlaumeier. Vielleicht ist es auch nur ein ganz normaler Laster oder ein Viehwagen."

„Ein Viehtransporter hat Gitterstäbe an den Seiten." Ich richtete mich in meinen Steigbügeln auf, um besser sehen zu können. „Es ist doch ein Pferdetransporter! Ganz bestimmt! Und es ist derselbe Wagen, mit dem Ballantrae hergebracht wurde. Ich bin ganz sicher, Pete. Komisch, ich habe so ein eigenartiges Gefühl. Irgend etwas ist faul an dieser Sache."

„Ach Pippa, du siehst mal wieder Gespenster. Du und deine Ahnungen!" Kopfschüttelnd nahm Pete Fireflys

Zügel auf und trieb die Stute zu einem leichten Trab an.
„Wir machen uns besser aus dem Staub, bevor jemand kommt und uns fortjagt. Herr Nicol hat den Reiterhof anscheinend ja nicht gerade ins Herz geschlossen. Und wenn er uns hier herumlungern sieht, wird alles nur noch schlimmer."

„Dort drüben, das muß er sein!" Bei einem Blick über Petes Schulter war mir in der Nähe der Sträucher ein Mann aufgefallen. Er war ungefähr Mitte vierzig, und in seinen braunen Haaren glänzte so viel Brillantine, daß sie schon beinahe schwarz wirkten. Er trug Cordhosen, eine ärmellose karierte Weste über einem Khaki-Hemd und eine elegante, getupfte Fliege, die überhaupt nicht zu seiner anderen Kleidung paßte. Mit seiner strammen, aufrechten Haltung erinnerte er mich ein wenig an einen General. Alfie, der Fahrer des Pferdetransporters, war bei ihm. Die beiden standen im Schatten der Holunderbüsche und schienen in ein wichtiges Gespräch vertieft zu sein. Herr Nicol hielt einen Kanister in der Hand, und während ich die beiden noch beobachtete, wies er zu den Bergen hinauf.

„Also, wenn das nicht seltsam ist! Ich frage mich, was er Alfie dort oben in den Bergen zeigen will. Der will doch zurück nach London und fährt in eine ganz andere Richtung."

Statt einer Antwort beugte Pete sich aus dem Sattel, griff dicht bei der Trense nach Kirstys Zügel und trieb Firefly vorwärts. Meine kleine Stute folgte nur widerwillig.

„Es reicht, Pippa!" Anscheinend wollte mein Bruder mir seine Überlegenheit zeigen. „Du machst aus jeder Kleinigkeit ein großes Geheimnis. Vielleicht gibt Alfie dem Mann nur ein paar Tips für das nächste Pferderennen. Und Herr Nicol bezahlt ihm ein paar Mark dafür. Ich wette, das ist alles, was dahintersteckt."

\*

Wir ritten weiter, und in Gedanken mußte ich Pete recht geben. Schließlich konnte es keinen großen Schaden anrichten, wenn Alfie dem Hotelbesitzer tatsächlich ein paar angeblich sichere Tips gegeben hatte. Der Junge hatte normalerweise nichts mit Rennpferden zu tun, und niemand würde sich ernsthaft auf seine Informationen verlassen. Auch Jock hatte ihm bestimmt nichts Wichtiges verraten. Der Stalljunge war dem Lord so treu ergeben, daß er niemals ein Geheimnis preisgegeben hätte. Warum sollte ich mir also Gedanken machen?

Wir hatten den Bergrücken erreicht, und von dem Tal tief unter uns stieg ein würziger Tannengeruch auf und erfüllte die Luft mit einem intensiven Duft. Der holprige Pfad verlor sich zwischen kantigem Schiefergestein, und Pete und ich hielten auf einen schmalen Hohlweg zwischen rauhen, schartigen Felswänden zu.

Das war das wirkliche Schottland, eine verborgene, verwunschene Welt voller Geheimnisse und Überraschungen. Dies war die Welt von Robert the Bruce oder Rob Roy, von denen ich gelesen oder Filme im Fernsehen gesehen hatte. Mir schien, als müßte jeden Augenblick einer der alten Clanführer hinter einem der Felsen auftauchen, in einen bunten Kilt gekleidet und den ledernen Schild am Arm. Drohend würde er das „Claymore", das alte schottische Schwert mit den zwei Schneiden, schwingen und uns das Recht verwehren, in die geheimnisvolle

Welt einzudringen, die am Ende des schmalen Hohlwegs liegen mochte.

Pete schreckte mich aus meinen Träumen auf.

„Bleib hinter mir, Pippa! Der Weg ist zu schmal." Und er übernahm mit Firefly die Führung.

Petes braunes Pony stellte aufmerksam die Ohren auf. Sein behäbiger, schaukelnder Gang wurde plötzlich fester, und konzentriert suchte es sich Schritt für Schritt einen sicheren Weg auf dem lockeren Gestein. Dann spürte ich, wie Kirsty unter mir plötzlich jeden Muskel anspannte. Irgend etwas hatte ihre Aufmerksamkeit erregt. Und dann rief in der Ferne ein Hengst. Beide Stuten antworteten. Kirsty warf den Kopf hoch. Ihre Augen blitzten vor Erregung. Das brave Schulpony, das sich zu Beginn unseres Ausflugs so träge auf den Weg gemacht hatte, war wie verwandelt. Kirsty drängte tänzelnd zur Seite und wollte unbedingt den felsigen Hang hinauf, der den schmalen Paß einschloß. Ich mußte ihre Zügel straff anziehen, mich fest in den Sattel drücken und meine Knie an ihre Flanken pressen, um sie sicher unter Kontrolle zu halten.

Dann hatten wir plötzlich wieder offenes Gelände erreicht. Der Bergrücken senkte sich tief in eine Schlucht hinab. Pete nahm Fireflys Zügel hoch, und ich brachte Kirsty vorsichtig an seine Seite. Auf dem Grund der Schlucht glänzte das ruhige Wasser eines Bergsees. Ein steiniger Pfad schlängelte sich von der Höhe des Grats in steilen Windungen bis an sein Ufer hinab. Das Wasser war tiefblau. Es spiegelte den Himmel wider; nur hier und da verdunkelten die umstehenden Berge mit ihren braunen und grauen Schatten die Wasseroberfläche.

Vom anderen Ufer erklang der Ruf des Hengstes ein zweites Mal. Und dann konnten wir ihn sehen. Seine

eindrucksvolle Silhouette erhob sich über einem zerklüfteten Grat – wie ein schwarzer Schattenriß stand er vor dem blauen Himmel.

Kirsty wieherte. Und nun setzte sich der Hengst in Bewegung. Er stürmte vorwärts, verließ den Bergrücken und galoppierte über das Schiefergestein zum Seeufer hinunter.

Der Hengst stand nicht länger im Gegenlicht, und als die Sonne auf sein hellbraunes Fell fiel, konnte ich ihn besser erkennen. Eine breite, weiße Blesse zog sich bis zu seinen Nüstern hin, und die eine Hinterhand schimmerte weiß bis hoch über die Fessel hinauf.

Ich hielt den Atem an. Es gab nur ein Pferd, das so

aussah. Dieser Hengst war der berühmte Derbysieger, der große Ballantrae!

## Firefly in Not

Stumm schaute ich zu, wie der Hengst seinen Kopf hochwarf und ein lautes Wiehern ausstieß.

Sein Ruf klang in einem vielfachen Echo von den Steilwänden wider, die den See umgaben.

Kirsty tänzelte unruhig. Ich spürte, wie sie ihre Muskeln anspannte und dem Hengst antwortete. Nun scharrte auch Firefly rastlos mit den Hufen. Auch wenn sie alt war, die Anwesenheit des Hengstes hatte sie in eine seltsame Erregung versetzt. Aus ihrer Kehle löste sich ein tiefes, rauhes Wiehern.

Als ob der Hengst auf dieses Zeichen gewartet hätte, galoppierte er nun an dem Seeufer entlang. Mit gewölbtem Nacken und stolz aufgerichtetem Kopf suchte er sich mit tänzelnden Schritten einen Weg über den felsigen Grund. Das seidige Haar seines gekrümmten Schweifs flatterte wie ein Banner im Wind.

Weder Pete noch ich sprachen ein Wort. Wir hatten alle Hände voll zu tun, unsere Ponys im Zaum zu halten. Die Tiere waren kaum noch zu zügeln. Von Kirstys bebendem Rücken sah ich beklommen zu dem Hengst hinüber. Auch die beiden Ponys ließen ihn nicht aus den Augen. Kirstys weit geblähte Nüstern zitterten und schimmerten rot. Nun traf der Hengst auf eine Felswand, die sich in den

See hinabsenkte und ihm den Weg versperrte. Doch nichts schien ihn aufhalten zu können. Er wich zur Seite und stürzte sich entschlossen ins Wasser. Es umspielte seine Hufe und hatte schon bald seine Fesseln erreicht.

Und da hatte Pete es plötzlich sehr eilig. Mit einem energischen Griff zog er Fireflys Kopf herum.

„Komm, Pippa! Es wird Zeit, daß wir von hier verschwinden. Wenn Ballantrae erst einmal bei den Stuten ist, bricht hier die Hölle los. Und jeder wird uns die Schuld geben, wenn ihm irgend etwas zustößt. Damit tun wir Carol und Hamish bestimmt keinen Gefallen."

Ich konnte mich selbst kaum von diesem Schauspiel losreißen, doch Kirsty war absolut nicht bereit, Firefly zu folgen. Sie rührte sich nicht vom Fleck, und auch Pete mußte seinem Pony erst einmal tüchtig die Hacken in die Seiten schlagen, bevor es sich widerwillig in Gang setzte.

„Warte doch wenigstens noch eine Minute!" rief ich meinem Bruder nach. „Wir müssen noch bleiben, zumindest bis wir wissen, daß Ballantrae sicher an das andere Ufer gekommen ist."

„Das will ich ja gerade verhindern. Er soll nicht durch den See schwimmen." Pete winkte mir über die Schulter zu. „Bring dein Pony außer Sicht! Wenn der Hengst die Stuten aus den Augen verliert, kehrt er vielleicht wieder um."

Wahrscheinlich hatte Pete recht. Mit einiger Mühe gelang es mir schließlich, die bockige Kirsty in den Hohlweg zu lenken.

Pete trabte mit Firefly zielstrebig voraus. Ich folgte ihm und redete mir ein, daß Ballantrae die Stuten nicht mehr sehen konnte und wahrscheinlich wieder an das andere Ufer zurück geschwommen war.

Am Ende des Hohlwegs hielten wir für einen Augenblick an. Dann machten wir uns an den Abstieg durch den Wald zum Hotel Halfway hinunter.

Doch der Hengst wollte mir nicht aus dem Kopf gehen.

„Was macht Ballantrae bloß hier oben in den Bergen?" wunderte ich mich.

„Wahrscheinlich reicht Lord Glencairns Land bis in diese Gegend hinauf."

„Selbst dann würde er seinen Pferden bestimmt nicht erlauben, frei in diesem felsigen Gelände herumzulaufen. Die Tiere sind doch sehr wertvoll, und die Gefahr ist viel zu groß, daß sie sich hier vielleicht ein Bein brechen. Nein, Pete, ich bin ganz sicher: Ballantrae muß weggelaufen sein."

Ich spornte Kirsty zu einem rascheren Tempo an.

„Nicht so schnell, Pippa!" Hinter mir klammerte sich Pete an seinem Sattel fest. „Der Ritt abwärts hat es in sich – paß bloß auf!"

Instinktiv lehnte ich mich weit in meinem Sattel zurück und schaute bewußt nicht in die Leere über den Schultern meines Ponys, als es seinen Kopf tief beugte und vorsichtig wie eine Katze den sichersten Weg an dem steinigen Abhang suchte.

Besorgt warf ich einen Blick über die Schulter. Ich wollte mich vergewissern, ob Pete zurechtkam und achtete einen Augenblick lang nicht auf den Pfad, der sich in zahllosen Windungen talwärts schlängelte. Kirsty war sich also selbst überlassen. Mit zögernden Schritten tastete sie sich in direkter Linie den Hügel hinab.

Der Abhang wurde steiler. Mein Pony knickte auf der Hinterhand ein, und dann schlitterte es mit ausgestreckten Vorderbeinen die letzten Meter bis zur Bergstraße einfach hinunter. Firefly folgte. Sie war ein wenig schwerer als Kirsty, bekam dadurch mehr Fahrt und hatte uns rasch eingeholt.

„Bist du verrückt geworden, Pippa?" Pete keuchte und schaute mit angespanntem Gesicht unter seiner Reitkappe hervor. „Für solche Bergtouren reichen unsere Reitkünste wahrhaftig noch nicht." Aufatmend richtete er sich wieder in seinem Sattel auf und wischte sich mit der Hand über die schweißnasse Stirn. „Kannst du denn nicht einmal vernünftig sein? Wenn wir so weitermachen, endet unser Ausflug mit zwei lahmen Ponys. Und du weißt genau, was Andy und Hamish dazu sagen werden."

„Was kümmern mich Andy und Hamish?" Ich drückte meinem Pony die Absätze in die Flanken. „Nun komm schon, Pete! Schließlich haben wir gar keine andere Wahl. Wir müssen schnellstens zu Lord Glencairns Reitstall und ihm berichten, wo wir Ballantrae gesehen haben."

Der Weg über die Bergstraße ins Dorf hinunter erschien mir endlos. Die Ponys waren eigentlich an solche Tagesausflüge gewöhnt, aber zu meiner Überraschung sah Firefly jetzt schon ziemlich müde aus. Die alte braune Stute ließ den Kopf hängen. In ihren Augen stand ein verzagter, erschöpfter Ausdruck, und so sehr Pete sich auch bemühte, sie aufzumuntern, sie wurde immer langsamer und trottete lustlos vorwärts. Ihre Flanken hatten in den langen Jahren als Schulpferd zahllose Hackenschläge ertragen müssen. Sie waren unempfindlich geworden und schienen Petes auffordernden Druck schon gar nicht mehr zu spüren. Als wir uns dem Hotel Halfway näherten, hielt Pete an und glitt aus dem Sattel.

„Das hat keinen Sinn, Pippa. Noch ein paar Schritte, und Firefly fängt zu lahmen an. Ich muß sie nach Hause führen. Sonst kann sie die nächsten Wochen nicht mehr geritten werden, und du weißt, wer dafür seinen Kopf hinhalten muß."

„Wir werden in jedem Fall Ärger bekommen, egal, was wir tun." Ich sah plötzlich Andys feindseliges Gesicht vor mir. „Arme Firefly! Sie soll sich auf keinen Fall quälen müssen. Wahrscheinlich hätten wir den Steilhang nicht hinunterreiten dürfen. Vielleicht hat sie sich dabei eine Sehne gezerrt."

Ich wollte mit Kirsty auch kein Risiko eingehen. Also sprang ich aus dem Sattel, schlang die Zügel über ihren Kopf und drückte sie Pete in die Hand.

Ich nickte meinem Bruder zu und fing an zu laufen. Jede Minute war kostbar. Ballantrae war in großer Gefahr. Allzuleicht konnte er sich dort oben in den Bergen verletzen. Es hing also alles davon ab, wie rasch es mir gelang, Hilfe zu holen.

Zu Fuß schien der Weg zu Lord Glencairns Hof gar kein Ende zu nehmen. In der Höhe des Hotels Halfway krümmte ich mich bereits vor Seitenstechen und mußte anhalten. Ich hob mein Knie bis dicht unter das Kinn, und die Schmerzen ließen langsam nach. Während ich noch keuchend am Straßenrand hockte, fiel mir auf, daß der Pferdetransporter inzwischen verschwunden war. Auch der Chevrolet stand nicht mehr auf dem Parkplatz. Schade, dachte ich. Wenn Alfie noch in der Nähe gewesen wäre, hätte ich ihn gebeten, mich bis zu Lord Glencairns Hof mitzunehmen. Das Seitenstechen hatte endlich aufgehört, und ich lief weiter. Ich mußte mich zu jedem Schritt zwingen, denn meine Beine schmerzten, und mein Rücken war von dem ungewohnten Reiten in den letzten zwei Tagen ganz steif geworden.

Nun hatte ich den Reiterhof erreicht. Hoffentlich bemerkte mich niemand. Carol und die beiden Männer würden sich bestimmt wundern, wenn sie mich ohne eines der Ponys vorüberlaufen sahen. Doch meine Sorge war unbegründet. Alle waren vollauf mit den Urlaubern beschäftigt. Carol stand mit dem Rücken zur Straße und dirigierte die Anfänger, die alle noch ein wenig steif und hilflos im Sattel saßen. Manche ritten ihre Ponys im Schritt, andere klammerten sich ängstlich fest, wenn die Tiere in einen ungewohnten Trab verfielen. In der hinteren Koppel versuchten die besseren Reiter ihr Glück an ein paar provisorisch aufgebauten Hindernissen. Sie ritten die temperamentvolleren Ponys; Andy und Hamish feuerten sie an und gaben die nötigen Anweisungen.

Am Dorfeingang plagte mich wieder Seitenstechen. Außerdem hatte ich nun auch noch eine Blase an der

Ferse. Die letzten Meter kam ich nur langsam vorwärts und quälte mich halb humpelnd, halb hüpfend weiter.

Jock überquerte gerade mit einem Ballen Heu den Hof, als ich erschöpft durch das offene Tor taumelte.

„Um Himmels willen, Kindchen! Wo brennt's denn?" Als Jock mich sah, wie ich ganz allein und völlig aufgelöst auf den Hof stürzte, dachte er offenbar sofort an das Schlimmste. „Was ist passiert? Ist dein Bruder verletzt?" Er ließ das Heu auf das Pflaster fallen und war sofort bereit, alles Nötige zu meiner Hilfe zu tun.

„Nein, niemand ist verletzt. Jedenfalls noch nicht! Es geht um Ballantrae." Ich keuchte nach Luft. Und dann sprudelte ich meine Neuigkeiten hervor und berichtete hastig, daß der berühmte Hengst aus seiner Koppel ausgebrochen war und sich hoch in den Bergen an den Ufern eines Sees herumtrieb.

„Ballantrae! Ich habe dir doch gesagt, daß dieses Pferd gar nicht bei uns ist." Jock preßte seine Lippen zu einem schmalen Strich zusammen, und seine Augen blitzten in dem gleichen feindseligen Glanz wie bei unserer ersten Begegnung. „Solltest du nicht diesen ganzen Unsinn vergessen?"

„Gib dir keine Mühe, Jock!" Diesmal würde ich mich nicht mit leeren Worten abspeisen lassen. Der Junge mußte mich einfach ernst nehmen. „Es ist Ballantrae!" erklärte ich entschieden. „Und er streicht dort oben durch die Berge. Es könnte ihm etwas zustoßen. Wenn du nicht ganz schnell etwas unternimmst, bricht er sich vielleicht sogar in den Felsen ein Bein."

Jock stutzte, und dann lächelte er mich plötzlich freundlich an.

„Da gibt es nichts zu unternehmen, wirklich nicht.

Aber es ist prima von dir, daß du so besorgt bist, Kleines. Nein, glaub mir, wir vermissen keines von unseren Pferden. Ich habe sie selbst für die Nacht in ihre Boxen gebracht. Sie sind alle da. Geh nur und überzeuge dich!"

Es wies mit dem Kopf zu den Ställen hinüber. Die obere Hälfte der Boxentüren stand überall offen, und als ich hinüberschaute, trafen die Sonnenstrahlen hier auf eine rotbraune Flanke, dort auf den silbrigen Glanz eines hellen Schweifs und da auf eine schimmernde goldbraune Kruppe. Die Tiere in den Ställen zupften friedlich an ihren Heunetzen.

Aus dieser Entfernung konnte ich unmöglich erkennen, ob das Pferd in Ballantraes Box auch tatsächlich der berühmte Hengst war.

,,Da ist dein Freund, um den du dir solche Sorgen machst." Jock ging voraus und öffnete die Boxentür. ,,Ruhig, mein Junge, ganz brav!"

Beruhigend legte er die Hand auf die Schulter des Braunen und winkte mich heran.

Ungläubig sah ich die weiße Zeichnung an der Hinterhand und den Kreis weißer Haare auf seinem Widerrist. Das Pferd drehte mir neugierig den Kopf zu, und da war auch die lange weiße Blesse auf seiner Stirn. Ja, das war Ballantrae, der Derbysieger, der gleiche Hengst, der vor knapp einer Stunde durch das Wasser eines Bergsees geschwommen war. Pete und ich hatten es doch mit eigenen Augen gesehen. Und nun stand er hier, ruhig und wohlbehalten in seiner Box.

Aber wie war das nur möglich? Ich stand vor einem Rätsel.

## WIR SIND AN ALLEM SCHULD

„Ich begreife das nicht, Jock. Wie kann Ballantrae hier auf dem Hof sein? Es ist noch keine Stunde vergangen, da haben Pete und ich ihn oben in den Bergen gesehen. Er kann unmöglich inzwischen wieder auf seine Koppel gelaufen, von dir in den Stall gebracht worden sein und hier in aller Ruhe sein Heu knabbern. In dieser kurzen Zeit!"

„Trotzdem gibt es hier kein Geheimnis!" Jock beugte sich zu mir herab und sah mich scharf an. Seine dunklen Augen waren hart. „Erstens ist dieses Pferd nicht Ballantrae! Das habe ich dir schon einmal gesagt. Und zweitens hast du da oben in den Bergen bestimmt ein anderes Pferd gesehen. Es war doch am anderen Ufer des Sees. Du konntest es auf diese Entfernung unmöglich mit Sicherheit erkennen."

„Aber ich konnte erkennen, daß es ein Hengst war", beharrte ich. „Und er hatte ein hellbraunes Fell. Da war die Blesse in seinem Gesicht und die weiße Fessel an der einen Hinterhand. Es war euer Pferd, Jock! Ich würde es überall wiedererkennen."

Hinter mir erklangen Schritte. Als ich mich umdrehte, sah ich einen Fremden mit einem rotbraunen Bart.

„Was ist denn los, Jock?" wollte er wissen.

„Ach, nur ein bißchen Lärm um nichts, Herr Stirling." Jock tauschte mit dem Mann einen vielsagenden Blick aus. Das war also Kelvin Stirling, Lord Glencairns Verwalter. ,,Die junge Dame hier behauptet, sie hätte diesen Hengst noch vor knapp einer Stunde oben in den Bergen am Hidden Loch gesehen."

Der Verwalter stutzte. Ich hatte das Gefühl, als ob er einen Augenblick lang verwirrt war. Doch dann hatte er sich sofort wieder gefaßt.

,,Hier in der Gegend gibt es eine ganze Menge Hengste, kleines Fräulein. Vielleicht hast du Dougal gesehen, den alten Mann der Berge, wie wir ihn nennen. Manche Leute behaupten sogar, daß er ein Geist ist. Stimmt's, Jock?" Und er warf dem Stalljungen einen bedeutungsvollen Blick zu.

,,Richtig." Jock nickte, und dann schien ihm noch etwas einzufallen. ,,Viele glauben, der alte Dougal sei der Geist eines Pferdes, das früher einmal einem großen Clanführer gehört hat. Es soll vor vielen Jahren in einer Schlacht gefallen sein. Andere sagen, er sei nichts weiter als ein verwilderter Hengst, der durch die Berge streift. Das glaube ich übrigens auch. Aber wie auch immer, er ist ein häßlicher, alter Klepper."

Verblüfft schaute ich zwischen Jock und dem Verwalter hin und her. Es sah ganz so aus, als ob die beiden mir hier ein Märchen auftischten, um mich von meinem Verdacht abzulenken. Oder hatte ich vielleicht nur zuviel Phantasie? Eines war jedenfalls sicher: Welches Pferd Pete und ich dort oben am Hidden Loch auch gesehen hatten, Ballantrae, oder wie sie ihn auch nennen mochten, stand sicher in seiner Box. Ich suchte in meiner Tasche nach einem Stück Mohrrübe, das ich für Kirsty aufgehoben hatte.

,,Hier, mein Junge!" Ich hielt es dem großen Braunen hin.

Der Hengst drehte mir mit einem sanften Schnauben den Kopf zu. Seine feuchten Augen schienen mich freundlich zu mustern. Dann spürte ich seine weichen Nüstern in meiner Handfläche, und er nahm den Leckerbissen vorsichtig zwischen die Zähne.

„Ich nehme an, du bist das Mädchen, von dem Seine Lordschaft mir erzählt hat", sagte Kelvin Stirling. „Du bist die Nichte von Hamish Macdonald und machst mit deinem Zwillingsbruder Ferien auf dem Reiterhof. Sicher möchtest du jetzt auf dem schnellsten Weg nach Hause. Wenn du willst, kann ich dich in meinem Auto mitnehmen."

„Ach nein, machen Sie sich meinetwegen bitte keine Umstände." Ich bemühte mich tapfer, nicht an meine müden Glieder und die brennende Blase an meiner Ferse zu denken. „Heute ist Sonntag. Das ist bestimmt Ihr freier Tag. Ich möchte Ihnen keine Mühe machen."

„Ach, das ist doch eine Kleinigkeit." Die bärtigen Züge des Verwalters entspannten sich zu einem breiten Lächeln. „Ich überlege gerade, ob ich nicht einen Abstecher zum Hidden Loch mache und mir den alten Dougal selbst einmal ansehe." Er schwieg einen Moment lang, und als er dann fortfuhr, war etwas in seiner Stimme, das nicht aufrichtig klang. „Weißt du, ich habe schon so viel von dem alten Gesellen gehört, aber gesehen habe ich ihn noch nie."

„Tja, so ist das nun einmal mit den lebenden Legenden", meinte Jock mit einem eigenartigen, grimmigen Unterton. „Am besten ist, man überzeugt sich selbst davon."

Und als er fortging, zuckte ein kaum wahrnehmbares Lächeln um seine Mundwinkel.

Mit wem trieb Jock sein Spiel? Machte er gemeinsame Sache mit Kelvin Stirling, um mich in die Irre zu führen? Oder lag nicht eine Spur von Bitterkeit in seinem Lächeln? Ein Bedauern, daß er gezwungen war, sich an dem Schwindel des Verwalters zu beteiligen?

*

„Bitte setzen Sie mich hier ab!" bat ich hastig, als sich der Land Rover des Verwalters dem Reiterhof näherte. Ich mußte unbedingt vermeiden, daß Carol oder die Macdonalds mich in dem Wagen bemerkten. Ich konnte mich noch gut an den Tag unserer Ankunft erinnern, als Lord Glencairn Pete und mich in seinem Wagen hergebracht hatte. Andy hatte sich schrecklich darüber geärgert, und mir lag nichts daran, mir die gleichen Vorwürfe noch einmal anzuhören. Vor allem nach unserem Mißgeschick mit Firefly, die bei unserem Ausflug heute wahrscheinlich lahm geworden war.

Doch ich hatte kein Glück.

Herr Stirling brachte den Land Rover neben dem Tor zum Reiterhof zum Stehen.

„Danke fürs Mitnehmen!" murmelte ich und hatte es eilig, aus dem Wagen zu kommen, damit der Verwalter unbemerkt wegfahren konnte. Aber Andy hatte uns schon gesehen. Er stand gerade auf dem Hof und bürstete einen Sattel blank. Er legte den Sattel auf einem Bock ab und schlenderte zu uns herüber.

„Hallo, Herr Stirling!" rief er, als der Verwalter gerade wieder die Tür verriegeln wollte. „Ich hätte Sie gerne um einen Rat gefragt."

„Ich wüßte nicht, was wir beide miteinander zu besprechen hätten." Die Stimme des Verwalters klang kühl und abweisend.

„Sie leiten doch den Reitstall von Lord Glencairn, nicht wahr?" Andy ließ sich nicht beirren. „Darum dachte ich, ich wende mich am besten an Sie. Sie können mir bestimmt sagen, ob für mich in Ihrem Reitstall Aussicht auf einen Job besteht."

„Und weshalb willst du den Betrieb deines Vaters und deiner Stiefmutter verlassen? Mir scheint, daß hier jede Hilfe nötig gebraucht wird. Das soll natürlich nicht heißen, daß wir hier in Duncreggan auf euren Reiterhof versessen wären. Ich kann mir nicht vorstellen, daß euch irgend jemand vermissen würde. Nein, junger Mann, wenn du einen Job suchst, dann schaust du dich besser unten im Süden danach um. In den Ställen Seiner Lordschaft gibt es für dich jedenfalls keine Arbeit."

Ich holte tief Luft. Schließlich war Andy mein Stiefvetter, und ich fand, daß ich ihn jetzt nicht im Stich lassen durfte.

„Andy hat Ihnen nie etwas Böses getan, Herr Stirling!" erklärte ich tapfer. „Und Carol und Hamish auch nicht. Warum sind alle so unfreundlich zu ihnen? Der Reiterhof bringt schließlich eine ganze Menge Gäste nach Duncreggan. Und ich sehe nicht ein, wieso das irgend jemandem schaden sollte."

„Nun spiel du dich nicht so auf!" fuhr der Verwalter mich unbeherrscht an. „Es reicht doch wohl, wie ihr, du und dein Zwillingsbruder, euch bei seiner Lordschaft eingeschlichen habt. Ihr könnt froh sein, daß ihr in dem Reitstall geduldet werdet. Außerdem habt ihr bei uns Gelegenheit, zwei erstklassige Ponys zu reiten. Wenn dir daran etwas liegt, dann rate ich dir, deinen Mund zu halten und dich nicht in Sachen einzumischen, die dich nichts angehen.

Und was dich betrifft, junger Mann..." Er wandte sich wieder an Andy. „Ich bleibe bei meinem Wort. Je schneller dieser Betrieb hier geschlossen wird und ihr Macdonalds euch wieder auf den Weg nach dem Süden macht, desto besser für euch!"

Andy stieg das Blut in den Kopf.

„Warum?" wollte er wissen. „Was haben wir denn getan? Warum haben alle sich vorgenommen, uns wieder zu vertreiben?"

„Verschwindet! Und zwar so schnell wie möglich. Das ist alles, was ich dazu zu sagen habe." Herr Stirling drehte das Wagenfenster hoch, legte den Gang ein und fuhr davon.

„Oh, Andy, es tut mir so leid!" Hilflos versuchte ich, meinen Vetter zu trösten.

„Vergiß es! Ich habe was Besseres zu tun, als mich über diesen Typ da aufzuregen. Und das gilt auch für dich. Ist doch klar, daß dir die Leute seiner Lordschaft lieber sind als deine eigenen Verwandten. Oder willst du mir etwa erzählen, es ginge dir nur um ein paar zusätzliche Reitstunden auf Lord Glencairns Super-Ponys? Wie auch immer, mir ist das egal. Eben hat dein Bruder unsere Ponys nach Hause gebracht. Firefly ist völlig lahm, und der armen Kirsty stand der Schweiß auf dem Rücken. Mit deiner Liebe zu Pferden kann es jedenfalls nicht allzuweit her sein. Aber das habe ich schon am ersten Tag gewußt. Mit euch beiden hat man nichts als Ärger!"

Wütend drehte Andy sich herum, doch da kam Carol aus dem Stall gelaufen. Wahrscheinlich hatte sie uns streiten hören, denn sie eilte über den Hof und konnte Andy gerade noch zurückhalten. Sie faßte den Jungen und mich beim Arm und schüttelte vorwurfsvoll den Kopf.

„Schluß jetzt, ihr beiden! Ein Streit in der Familie hat uns gerade noch gefehlt. Das ist das letzte, was wir jetzt brauchen können. Unsere Situation ist ohnehin schon schlimm genug. Also, Andy, würdest du jetzt bitte den Gartenschlauch anschließen? Und du, Pippa, kommst mit und übernimmst Firefly. Sie hat sich die Fessel verstaucht. Ein paar Tage Ruhe und regelmäßige Güsse mit kaltem Wasser müßten die Sache eigentlich rasch wieder in Ordnung bringen. Pete ist drüben im Stall. Er kümmert sich um Kirsty. Ich habe ihm gezeigt, wie er das Pony abreiben muß. Bevor wir sie zu den anderen auf die Koppel lassen, muß sie erst wieder trocken und aufgewärmt sein. Sie darf sich auf keinen Fall erkälten, denn dann würde es Tage dauern, bis wir sie wieder einsetzen können."

## KIRSTY GEHT DURCH

Am nächsten Morgen war ich schon in aller Frühe auf den Beinen. Ich wollte mich vergewissern, daß Kirsty das Abenteuer auch ohne Schaden überstanden hatte.

Bei einer Gruppe anderer Schulponys entdeckte ich auch die graue Hochland-Stute. Die Morgensonne schien wohlig warm, und der Tau stieg schon dampfend aus dem feuchten Gras auf, aber Kirsty schien noch zu schlafen.

,,Kirsty!" rief ich leise und erlebte zum ersten Mal dieses schöne Gefühl, von seinem Pony an der Stimme erkannt zu werden.

Die Stute war aufgewacht. Sie straffte sich, stellte lauschend die Ohren auf, und dann trottete sie mir mit einem leisen Wiehern entgegen. Ihre Hufe hinterließen dunkle Spuren in dem feucht glänzenden Gras.

Ich belohnte sie mit einem Stück Brot, das ich beim Abendessen auf die Seite gelegt hatte.

,,Dir fehlt doch nichts, mein Mädchen? Nicht wahr, du machst einen ganz munteren und vergnügten Eindruck? Trotzdem, ich glaube nicht, daß wir beide heute zusammen ausreiten können. Firefly muß sich immer noch schonen, und wenn für Pete kein Pony frei ist, werde ich wohl auch zu Hause bleiben."

,,Nanu? War da nicht von mir die Rede?"

Das war Petes Stimme, und ich schaute mich überrascht um. Er stand hinter mir, seine Haare vom Schlaf zerzaust, mit hochgerollten Hosenbeinen, und seine Turnschuhe waren vom Tau völlig durchnäßt.

,,Ich war heute an der Reihe, das Holz für unser Lagerfeuer zu sammeln", erklärte er. Und dann sah ich eine dünne, graue Rauchfahne aus der Senkung aufsteigen, in der die Pfadfinder ihr Lager aufgeschlagen hatten. ,,Wir machen gerade das Frühstück. Willst du nicht mitkommen?"

,,Schrecklich gern, Pete!" Der Duft von knusprig gebratenem Speck stieg mir in die Nase. ,,Aber ich fürchte, die anderen werden mich vermissen. Carol und Hamish fragen sich bestimmt schon, wo ich so lange bleibe. Trotzdem, es ist gut, daß ich dich schon so früh am Morgen treffe. Was hast du heute vor? Firefly muß sich noch schonen, und ich habe mir überlegt, ob wir nicht Lord Glencairn bitten, uns Forrester für den Ausflug heute zu leihen."

„Nein, das finde ich nicht gut." Pete schüttelte den Kopf. „Wir können doch unmöglich eines von Lord Glencairns Ponys anschleppen, nachdem wir gestern Firefly lahm geritten haben. Wie würde das denn aussehen? Andy würde glatt durchdrehen. Und Carol und Hamish wären bestimmt auch nicht übermäßig begeistert."

„Wahrscheinlich hast du recht." Ich schämte mich fast ein bißchen. „Ja, ich habe auch irgendwo gelesen, daß man nach Möglichkeit keine fremden Ponys in eine Gruppe bringen soll, die sich schon lange kennt. Das stiftet nur Unruhe."

Pete grinste. „Na, ich schätze, es muß schon eine Bombe einschlagen, bevor unsere braven Hochländer aus der Fassung geraten. Aber trotzdem, es kann nichts schaden, wenn wir auf Nummer Sicher gehen."

„Dann können wir heute also nicht ausreiten." Ich konnte meine Enttäuschung nur schwer verbergen. Schließlich wäre heute die erste Gelegenheit für einen Tagesausflug gewesen.

Pete schien meine Gedanken zu erraten.

„Niemand hat gesagt, daß du zu Hause bleiben sollst, Pippa. Nimm Kirsty und amüsiere dich! Ich setze ganz gerne einmal aus. Erstens bin ich nicht so ein Pferdenarr wie du. Und außerdem..." Er preßte seine Hände gegen den Rücken und machte ein paar steife, ungelenke Bewegungen. „Um ehrlich zu sein, mein Rücken könnte auch ein bißchen Schonung vertragen." Er grinste kläglich. „Anscheinend braucht man beim Reiten ganz andere Muskelpartien als beim Fußball."

„Ach, du machst doch nur Theater! Du willst mir einen Gefallen tun. Deshalb behauptest du, du hättest keine Lust." Lachend warf ich ein Büschel Gras nach Pete. „Aber vielen Dank, Brüderchen! Ich habe mich nämlich schon wahnsinnig auf den Tag heute gefreut!"

„Kein Grund zur Dankbarkeit, Pippa!" Pete senkte die Stimme. „Ich habe nämlich andere Pläne. Heute ist die beste Gelegenheit, sich hier ein bißchen umzusehen. Ich warte schon lange auf solch einen Augenblick. Mir sind nämlich ein paar ziemlich eigenartige Dinge aufgefallen. Und die werde ich heute etwas genauer untersuchen."

\*

Die Gäste, die sich in dieser Woche auf dem Reiterhof angemeldet hatten, waren alle unerfahren und bisher nur selten geritten. Wir blieben also alle zusammen in einer Gruppe, und Andy übernahm auf Peppermint, einem jungen Schecken, die Führung. Carol reihte sich mit Scheherezade in unserer Mitte ein. So war sie bei eventuellen Schwierigkeiten sofort zur Stelle. Hamish bildete mit seinem Rappen die Nachhut und wollte dafür sorgen, daß der eine oder andere Nachzügler nicht den Anschluß an die Gruppe verlor.

Kirsty hatte die Anstrengungen des Vortags allem Anschein nach gut überstanden. Offenbar freute sie sich auf unseren Ausflug, denn sie folgte bereitwillig meinen Zügelhilfen, und ich brauchte nicht mehr ständig mit meinen Hacken nachzuhelfen. Sie trabte neben Carols Anglo-Araberstute und war eifrig bemüht, mit den flüssigen Bewegungen der Fuchsstute Schritt zu halten.

An diesem Tag folgten wir nicht der Bergstraße, sondern ritten zunächst einmal zum Dorf hinunter. An der Wegkreuzung bogen wir ab. Lord Glencairns Reitstall lag nun genau in der entgegengesetzten Richtung, und ich erinnerte mich, daß Pete und ich auf dieser Straße mit dem Bus nach Duncreggan gekommen waren. Die Felder mit ihren grauen Steinwällen und der Fluß tief unten in der Talsenke waren mir schon vertraut.

Bald verließen wir die Straße und ritten über eine geschwungene Brücke auf die andere Seite des Flusses hinüber. Hier war die Straße nicht mehr gepflastert, und wir suchten uns unseren Weg auf einem steinigen Pfad, der sich gemächlich durch die flachen Hügel zum Meer hinabschlängelte.

Von einer Hecke am Wegrand drang der Duft von Geißblattblüten zu uns herüber und vermischte sich mit dem herben Geruch unserer Pferde. Hoch über uns stieß ein Brachvogel seinen kollernden Ruf aus. Die Lämmer, die in diesem Jahr geboren waren, waren inzwischen schon ziemlich groß geworden und tollten übermütig über die Hügel. Dann und wann hörten wir das warnende Blöken eines Mutterschafs, wenn sich eines der Jungen zu weit von der Herde entfernt hatte.

Kirsty warf übermütig den Kopf auf, so daß ihr Zaumzeug klirrte. Auch sie schien diesen herrlichen Tag zu genießen.

Ich zwickte mich heimlich in meinen Arm. War das alles Wirklichkeit, oder träumte ich vielleicht nur? Aber nein, ich, Pippa Woodley, saß wirklich und wahrhaftig auf dem Rücken eines Ponys. Der graue Schulalltag und die täglichen Fahrten auf dem Fahrrad waren weit entfernt. Ich war draußen, unter freiem Himmel, in dem

Sattel eines Ponys und steckte mitten in einem dieser herrlichen Pferde-Abenteuer, von denen ich so oft gelesen hatte.

Ich war so in mein Glück versunken, daß ich meine Umgebung kaum noch wahrnahm. Und als Kirsty auf einen lockeren Stein trat und strauchelte, war ich völlig unvorbereitet. Ich schreckte entsetzt auf. Doch es war schon zu spät. Ich wollte die Zügel anziehen, um die Stute wieder ins Gleichgewicht zu bringen, aber sie knickte in den Knien ein, und ich verlor jeden Halt. Hart prallte ich auf ihre Schulter auf und wäre um ein Haar aus dem Sattel gefallen.

„Zieh ihren Kopf hoch, Pippa!" rief Carol. „Und wach auf! Ein Pferderücken ist kein Platz zum Träumen. Auch wenn unsere Ponys sich noch so brav und friedlich geben – du als Reiter mußt stets auf der Hut sein. Es gibt immer wieder mal einen unerwarteten Zwischenfall, mit dem du fertig werden mußt."

Ich wurde vor lauter Verlegenheit puterrot. Und dann nahm ich Kirstys Zügel fest in die Hände und bemühte mich, über ihre Ohren konzentriert geradeaus zu schauen. Doch dann kamen wir an einem kleinen, weiß getünchten Bauernhof vorüber, und ich mußte einfach einen kurzen Seitenblick riskieren. Mir war dort nämlich ein großer, roter Pferdetransporter aufgefallen. Er stand unter dem Dach der offenen Scheune, halb verborgen von ein paar Stapeln Heuballen. Ein Zufall, sagte ich mir. Es konnte einfach nicht derselbe Transporter sein, in dem Alfie den Hengst Ballantrae zu Lord Glencairn gebracht hatte. Trotzdem reckte ich den Hals und versuchte, die Aufschrift auf der Wagenseite zu entziffern.

Doch bevor ich etwas erkennen konnte, fegte ein

schwarz-weißer Wirbelwind auf mich zu. Ein Schäferhund stürmte aus dem Hof und sprang den Ponys kläffend um die Beine. Kirsty scheute, rempelte Scheherezade an, und dann prallten die beiden Schwestern Edwards, die dicht hinter uns ritten, hart auf die beiden Stuten auf.

Aufgebracht keilte Kirsty aus. Und dann bahnte sie sich wie blind einen Weg durch die anderen Reiter und stürzte völlig kopflos den Pfad entlang. Sie ging durch, jagte mit mir davon, und ich war viel zu unerfahren, um zu wissen, wie ich sie jetzt noch stoppen konnte.

Ich hatte zwar in meinen Pferdebüchern bestimmt ein dutzendmal gelesen, wie man sich in solchen Fällen zu verhalten hat, aber jetzt, im entscheidenden Augenblick, war all meine Erinnerung wie ausgelöscht. Instinktiv ließ ich mich mit meinem ganzen Gewicht in den Sattel fallen und riß heftig die Zügel an. Aber Kirsty streckte ihre Nase nach vorne und schüttelte den Druck auf der Trense einfach ab. Ich lockerte meinen Griff und ließ sie für ein paar Schritte gewähren. Dann versuchte ich es wieder und nahm die Zügel noch kürzer. Ich wagte nicht, die Stute gegen die Steinwälle zu drängen, die die Straße einschlossen. Am Ende würde sie in ihrer panischen Angst versuchen, darüber hinweg zu springen. Mir blieb nichts anderes übrig, als mich mit aller Macht in den Sattel zu drücken und abwechselnd die Zügel zu straffen und wieder freizugeben.

Doch alle meine Versuche blieben erfolglos. Vielleicht war Kirsty so hart im Maul, daß sie schon gar nicht mehr auf die Trense reagierte. Aber das konnte nicht der Grund sein. Sie hatte sich an den Tagen zuvor sehr gut führen lassen. Nein, irgendwie mußte es ihr gelungen sein, die Trense zwischen die Zähne zu schieben. Hinter mir hörte ich die Hufe von anderen Ponys über die Steine donnern. Das waren bestimmt Carol oder Hamish und Andy oder alle drei zugleich. Sie wollten mir zu Hilfe kommen, aber ihre Verfolgungsjagd trieb Kirsty nur noch schneller vorwärts.

Ich hätte nie gedacht, daß die sonst so gelassene Hochland-Stute überhaupt so schnell sein konnte. Wir konnten jetzt schon das Meer sehen, und der Weg vor uns senkte sich gefährlich steil zur Küste hinab.

„Um Himmels willen, Kirsty, halt an!" Mir blieb beinahe das Herz stehen. Der Pfad vor uns wurde schmaler und führte wie eine Treppe abwärts.

Ich weiß nicht, was mit uns geschehen wäre, wenn uns nicht in diesem Augenblick ein glückliches Schicksal zur Hilfe gekommen wäre.

Dicht vor uns lief ein Junge den Pfad entlang. Er hatte ein paar Zeitungen unter den Arm geklemmt, trug in einer Hand eine Ölkanne und in der anderen etwas, das wie ein Benzinkanister aussah. Sein strähniges Haar hing bis auf die Schultern seines schmutzigen, karierten Hemds herab. Es war Alfie!

Ob er mir helfen wollte, oder ob er aus lauter Schreck das Richtige tat – ich weiß es nicht. Jedenfalls ließ er die schweren Kannen fallen, die Zeitungen flatterten zu Boden, und mit einem Satz sprang er heran und packte Kirsty am Zügel.

„Halt, ruhig! Ganz ruhig!" Gewaltsam brachte er die Stute zum Stillstand und starrte mich mit einem entsetzten Blick seiner hellbraunen Augen an.

„Bist du wahnsinnig geworden? Das ist ja lebensgefährlich, wie du hier entlang reitest! So was müßte verboten werden. Ich könnte doch glatt tot sein!"

## Ein Turnierpferd ist verschwunden

„Ich dachte, du wärest längst schon wieder in Wapping, Alfie!"

Alle hatten sich bei dem Jungen bedankt und ihn für meine Rettung gelobt, doch nun ließ mir meine Neugier keine Ruhe mehr. Alfies unerwartetes Auftauchen kam mir ziemlich verdächtig vor.

Einen Augenblick lang begegneten sich unsere Blicke, doch dann schlug der Junge die Augen nieder.

„Ich hatte eine Panne. Kommt schließlich vor, oder?" murmelte er ausweichend.

„Weder Öl noch Benzin?" Andy hatte die beiden Kanister bemerkt. „Verflixt viel Pech auf einmal."

„Komisch, daß dir schon bei Beginn der Fahrt das Benzin ausgeht, findest du nicht?" Ich war Alfie bestimmt für seine Hilfe dankbar. Aber in den letzten Tagen waren so viele merkwürdige Dinge geschehen, daß ich das untrügliche Gefühl hatte, mich ein bißchen näher nach Alfies Kommen und Gehen erkundigen zu müssen. „Und warum fährst du mit deinem großen Wagen nicht auf der Hauptstraße? Warum ausgerechnet diesen schmalen Pfad entlang?"

„Ich wollte ein bißchen abkürzen. Ist doch erlaubt, oder?" Er scharrte unbehaglich mit den Füßen.

„Aber dieser Weg führt nur zur Küste hinunter, sonst nirgendwohin", warf Andy ein.

„Tatsächlich?" Alfie hob die Kanister auf. „Dann hat

mir irgendein Trottel den falschen Weg gezeigt." Er zuckte mit den Schultern und drückte sich an uns vorüber. „Na ja, jetzt muß ich sehen, daß ich weiterkomme." Er grinste mich an. „Servus, Kindchen! Und vergiß nicht! Auch für Vierbeiner gibt es Geschwindigkeitsbegrenzung. Sonst könnte das mal übel ausgehen."

Der Zwischenfall mit Alfie wollte mir den ganzen Tag nicht mehr aus dem Kopf gehen. Ich genoß zwar unser Picknick am Seeufer und ritt zum ersten Mal begeistert mit meinem Pony bis an die Fesseln durch den See, aber Alfies Verhalten gab mir immer neue Rätsel auf. Ich konnte es kaum erwarten, wieder nach Hause zu kommen und mit Pete die ganze Geschichte zu beraten.

Als unsere Gruppe am späten Nachmittag nach Duncreggan zurückkehrte, kam Pete uns schon entgegengelaufen. Er griff nach Kirstys Zügeln und zog uns auf die Seite, damit die anderen Reiter uns nicht hören konnten. Seine Neuigkeiten waren so erschreckend, daß ich Alfie und sein geheimnisvolles Benehmen sofort vergaß.

„Silver Knight ist verschwunden! Er ist aus seiner Koppel ausgebrochen."

„O nein!" Ich konnte es nicht fassen. „Wie konnte das geschehen?"

„Niemand weiß etwas Genaues." Petes Stimme klang sehr ernst. „Herr Stirling meint, daß er vielleicht oben am Hidden Loch ist. Er sagte, Silver Knight hätte sich vielleicht dem alten Dougal angeschlossen. Jock mußte Chieftain satteln und dort oben nach dem Hengst suchen."

„Aber das ergibt doch keinen Sinn!" Die Geschichte wurde immer seltsamer. „Ich könnte das ja noch begreifen, wenn Old Dougal dort oben in den Bergen ein paar

Stuten führen würde. Aber das ist ganz unmöglich. Also, welchen Grund sollte Silver Knight haben, sich ihm anzuschließen?"

„Jock ist offenbar auch dieser Meinung. Er wollte nicht zum See hinaufreiten, sondern die Umgebung absuchen und auf den Höfen der Nachbarschaft fragen. Aber Herr Stirling hat darauf bestanden, daß er in die Berge reitet."

„Natürlich, um ihn auf eine falsche Spur zu schicken!" Ich war empört. „Das kostet nur wertvolle Zeit. Ich traue dem Verwalter nicht. Aber wie auch immer, ich glaube, ich weiß sogar, wo Silver Knight ist." Hastig erzählte ich Pete von dem Zwischenfall am Vormittag und daß Alfie ganz überraschend auf der Bildfläche aufgetaucht war und Kirsty angehalten hatte. „Ich habe den roten Lastwagen bei einem kleinen Gehöft unten am Weg gesehen. Es ist ungefähr vier Meilen von hier entfernt. Es kann für Kelvin Stirling nicht schwer gewesen sein, Silver Knight dorthin zu bringen. Und da wird der Hengst jetzt sein – in dem Pferdetransporter. Wahrscheinlich wartet die Bande nur die Nacht ab, damit Alfie ihn unbemerkt fortfahren kann."

„Ich weiß nicht, Pippa. Ist das nicht alles ein bißchen weit hergeholt?" Mein Bruder war skeptisch.

„Kann sein. Aber seit wir in Duncreggan sind, passieren lauter seltsame Dinge. Wer hätte zum Beispiel gedacht, daß es zwei Ballantraes gibt?"

„Wenn es wirklich zwei sind, Pippa!" Und Pete nagte nachdenklich an seiner Unterlippe.

„Was ist denn mit euch los?" Carol schreckte uns aus unseren Überlegungen auf. „Nun bewegt euch aber mal ein bißchen!" Sie kam über den Hof auf uns zu. „Pete, würdest du bitte Scheherazade übernehmen? Ich will sehen, wie es Firefly geht. Und du, Pippa, sattelst bitte die beiden Ponys ab und nimmst ihnen das Zaumzeug ab. Dann gibst du ihnen Wasser und bringst sie zum Füttern hinaus auf die Koppel."

„Auf geht's, Zwillinge!" rief nun auch Hamish über den Hof. „Wenn die Ponys gefüttert sind, möchte ich, daß ihr mir bei der Grillparty für die Gäste helft."

Pete und ich tauschten einen verzweifelten Blick aus. Wenn wir Silver Knight retten wollten, mußten wir uns sofort auf den Weg machen. Aber wie sollten wir das ohne lange Erklärungen anstellen? Wir hatten Lord Glencairn schließlich versprochen, bei niemandem ein Wort über die Vorgänge in seinem Reitstall zu verlieren.

„Nun trödelt nicht lange herum! Wir sind alle müde." Hamish hatte unser Zögern mißverstanden. „Ihr müßt auch euren Teil beitragen."

Seufzend machten wir uns an unsere Arbeit. Aber während wir das Holz für das Grillfeuer zusammentrugen, Kartoffeln schälten und Würstchen auf Spieße steckten, drehten sich alle unsere Gedanken einzig allein um Silver Knight. Mit jeder Minute ging kostbare Zeit verloren. Dennoch, es mußte einen Weg geben, ihn vor einem ungewissen und vielleicht grausamen Schicksal zu bewahren.

Ein Hoffnungsschimmer blieb uns wenigstens noch. Nach Petes Meinung würde niemand ein so berühmtes Pferd stehlen, um es dann an einen Abdecker zu verkaufen. Dazu war Silver Knight viel zu wertvoll. Um so größer war jedoch die Gefahr, daß man den Hengst heimlich ins Ausland schaffen wollte. Es gab bestimmt genügend gewissenlose Fanatiker, die bereit waren, für ein solches Tier unvorstellbare Summen zu bezahlen.

Mit gefälschten Papieren und einem anderen Namen konnte es den Dieben gelingen, Silver Knight nach Amerika oder Australien einzuführen. Und dort würde er dann für einen neuen Besitzer große Siege erringen. Doch seine Fahrt dorthin mußte in aller Heimlichkeit geschehen. Lord Glencairn würde den Hengst natürlich als vermißt melden, und alle Flughäfen im ganzen Land würden strengstens überwacht werden. Das arme Tier konnte also nicht mit einer Reise in dem großen Frachtraum eines Flugzeugs rechnen, wo es betreut und versorgt wurde. Nein, auf Silver Knight wartete wahrscheinlich eine lange Fahrt in dem engen Verschlag irgendeines schaukelnden Küstendampfers. Und wenn es auf See einen Sturm gab, konnte er sich am Ende sogar ein Bein brechen und mußte erschossen werden. Es war nicht auszudenken – und Pete und ich vertrödelten unsere Zeit bei einer Grillparty! Dabei sollten wir eigentlich alles daransetzen, Silver Knight vor diesem grauenvollen Schicksal zu retten.

Die Gäste stellten sich in einer Schlange vor dem Grill auf, und Hamish verteilte die Portionen.

„Das ist unsere Chance!" flüsterte Pete mir ins Ohr. „Besorg dir Brot und Käse! Und dann komm!"

„Was hast du vor?" raunte ich, als wir uns davonschlichen.

„Ich will zu Lord Glencairns Reitstall. Wir nehmen die Abkürzung über die Felder." Und Pete rannte los. Er war in seiner Fußballmannschaft ein gefragter Stürmer, und ich konnte mit seinem Tempo kaum Schritt halten. „Wir müssen Jock sagen, daß du Alfies Lastwagen gesehen hast."

„Und woher willst du wissen, daß wir Jock trauen können?" Ich keuchte. „Wenn er nun auch in die Sache verwickelt ist? Schließlich hat er bis zuletzt abgestritten, daß Ballantrae auf dem Hof ist."

„Er hält sich eben an die Anweisungen seines Arbeitgebers." Pete kletterte in fliegender Hast über einen Zauntritt. „Jock ist schon in Ordnung, Pippa, da bin ich ziemlich sicher."

Als wir völlig außer Atem durch das Hoftor rannten, kam der junge Schotte gerade mit Chieftain von einer ergebnislosen Suche zurück.

„Sieh an!" Er begrüßte uns mit einem Grinsen. „Was wollt ihr beide denn hier, so spät am Abend?"

„Wir haben eine Idee, wo Silver Knight sein könnte." Und rasch berichtete ich ihm alle Einzelheiten von meinem Zusammentreffen mit Alfie und dem roten Pferdetransporter.

„Wir machen uns sofort auf den Weg." Jock nahm Chieftain den Sattel ab. „Der Bursche hier hat für heute genug getan. Ich bringe ihn in den Stall und nehme eines von den anderen Pferden. Meint ihr, ihr könnt inzwischen Forrester und Beau aufzäumen?"

Kurz darauf saßen wir alle drei im Sattel und trabten über die Grasnarbe, die den schmalen Pfad säumte.

„Da ist der Hof!" Ich zog Beaus Zügel an und richtete mich in den Steigbügeln auf.

„Aber ich sehe nirgendwo einen Pferdetransporter", sagte Pete enttäuscht.

„Von hier aus kann man ihn auch nicht sehen. Er stand halb versteckt in der offenen Scheune."

Doch auch als wir näherkamen, konnten wir nirgendwo eine Spur des großen, roten Wagens entdecken. Das ganze Gehöft sah so verlassen aus, daß ich für einen Augenblick glaubte, mich getäuscht und Jock und Pete an die falsche

Stelle gebracht zu haben. Aber dann tauchte der schwarzweiße Schäferhund auf und kam knurrend auf uns zu.

„Ihr beide bleibt besser im Hintergrund", warnte Jock. „Forrester und Beau könnten sich erschrecken. Sie haben Angst vor Hunden. Ein Pony ist ja heute schon durchgegangen. Ich finde, das genügt."

Jock rührte sich mit seinem Pferd nicht vom Fleck, als sich plötzlich die alte, abgeblätterte Hoftür öffnete und ein Mann mit gebeugtem Rücken heraustrat. Er rief den Schäferhund zu sich.

„Was wollt ihr hier?" Der Blick des Fremden glitt von Jock zu Pete, und als er mich bemerkte, blitzten seine Augen überrascht auf.

Er hatte mich erkannt.

„Du bist doch das kleine Fräulein, das heute morgen mit den anderen Reitern hier vorübergekommen ist? Das Mädel, dessen Pony durchging! Wieso bist du schon wieder hier?"

Der alte Mann musterte uns unfreundlich. Doch Jock hielt seinem Blick stand.

„Wir sind auf der Suche nach einem Pferd, einem grauen Hengst, sechzehn Hand hoch."

„Solch ein Pferd habe ich hier in der Gegend noch nie gesehen." Der Fremde zog finster die Augenbrauen zusammen. „Arbeitest du nicht im Reitstall von Seiner Lordschaft?"

„Stimmt. Und es ist eines von seinen Pferden, das wir suchen. Aber wenn Sie den Hengst nicht gesehen haben, können Sie mir vielleicht etwas über einen ganz bestimmten jungen Mann sagen. Er kommt aus dem Süden und hat ziemlich langes, aschblondes Haar. Sein Name ist Alfie."

„Und der Pferdetransporter!" erinnerte ich Jock. „Heute morgen war er noch hier, ein großer, roter Wagen mit der Aufschrift ‚J. Deveraux, Epsom'."

Der gebückte Mann schaute uns der Reihe nach mit gespieltem Erstaunen an.

„Also, ich weiß wirklich nicht, wovon ihr redet. Ich habe auf dieser Straße noch nie einen roten Pferdetransporter bemerkt. Und ich weiß auch nichts von einem jungen Mann mit langen hellen Haaren."

„Aber ich habe Alfie heute morgen mit eigenen Augen gesehen – genau hier!" Allmählich fing ich an, mich zu ärgern. „Er hat mein Pony angehalten, als es mit mir durchging."

„Vielleicht war es ein Urlauber." Der alte Mann zuckte gleichgültig die Achseln. „Um diese Jahreszeit tauchen hier hin und wieder schon solche Typen auf. Hippies, Landstreicher, Gammler. Sie ziehen durch die Gegend und haben ihren Spaß daran. Und was diesen Pferdetransporter angeht, der euch ja anscheinend schrecklich wichtig ist, was sollte der denn hier oben zu suchen haben?"

„Ja, das frage ich mich auch", meinte Jock ziemlich gedehnt, und ich bemerkte, wie er immer wieder heimlich nach einer Reifenspur schaute, die ein schwerer Wagen in dem inzwischen getrockneten Lehmboden zurückgelassen hatte.

Er drehte sich zu mir herum.

„Weißt du, Kleines, allmählich kommen mir Zweifel an deiner Geschichte. Du machst hier mit deinem Bruder die Pferde scheu, ich schlage mir die Nacht um die Ohren, und dann steckt nichts dahinter."

Ich wollte gerade entrüstet protestieren, als Jock mir vielsagend zuzwinkerte.

„Tut mir leid, Jock", murmelte ich scheinbar verlegen. Zum Glück hatte ich gerade noch rechtzeitig begriffen, daß Jock den Alten nur in Sicherheit wiegen wollte.

Pete spielte das Spiel mit. Er wendete Forrester und griff nach Beaus Halfter.

„Nun komm schon, Pippa. Wir kommen sonst zu spät."

„Ja, verschwindet nur!" trumpfte der alte, gebückte Mann mit sichtlicher Erleichterung auf. „Und ich gebe euch den einen guten Rat: Laßt euch hier nie wieder blicken!"

## HILFE, ES BRENNT!

„Wer war das?" wollte ich wissen, als wir weit genug entfernt waren und uns niemand mehr hören konnte.

„Das war Tam Logan", sagte Jock leise. „Aber ich traue ihm nicht. Irgend etwas in seinem Benehmen kam mir verdächtig vor."

In sicherer Entfernung von Logans Gehöft löste Jock seine Füße aus den Steigbügeln und glitt aus dem Sattel.

„Was hast du vor?" fragte Pete.

„Wir haben zwar bei Logan nirgendwo eine Spur von dem Transporter gesehen, aber das muß nicht bedeuten, daß er niemals dort war." Er lächelte mich an. „Keine Sorge, Kleines, ich glaube dir deine Geschichte." Er schlang die Zügel seines Pferdes um einen Zaunpfosten am Wegrand. „Ich gehe noch einmal zurück. Mir scheint, daß ich mich dort genauer umsehen sollte."

„Ich komme mit dir." Pete nahm schon den Fuß aus dem Steigbügel.

„Nein, junger Mann!" Jock schüttelte entschieden den Kopf. „Die Macdonalds werden sich bestimmt schon Sorgen um euch machen. Nehmt die beiden Ponys mit und behaltet sie über Nacht bei euch auf dem Reiterhof. Es reicht, wenn ihr sie morgen dem Lord zurückbringt."

„Aber wir können dich jetzt doch nicht allein lassen. Was ist, wenn Tam Logan dich entdeckt?"

Der Stalljunge richtete sich zu seiner ganzen Größe auf.

„Mit Tam Logan werde ich immer noch fertig."

„Trotzdem." Pete hatte Zweifel. „Pippa und ich sollten wenigstens in der Nähe bleiben. Zur Sicherheit."

„Glaubt mir, ihr würdet mehr schaden als nützen. Wir können hier unmöglich drei Ponys verstecken. Eines von ihnen könnte wiehern und alles verderben. Nein, tut, was ich sage und reitet nach Hause! Und jetzt fort mit euch!"

\*

Andy erwartete uns schon.

„Wo, zum Teufel, habt ihr bloß gesteckt? Carol und Hamish sind außer sich vor Sorge."

„Es tut uns leid", murmelte ich lahm. Was sollten wir zu unserer Entschuldigung vorbringen? Sicher, eines der berühmtesten Springpferde in ganz England war verschwunden, ja, vielleicht sogar gestohlen worden. Und wir hatten versucht, es wiederzufinden. Aber wir hätten unser Wort brechen müssen, um unserem aufgebrachten Vetter die ganze Geschichte zu erklären.

„Und was habt ihr mit diesen beiden Ponys vor?" Andys Augen blitzten vor Zorn. „Die kenne ich doch. Ich habe sie schon einmal unten am See gesehen. Denkt ihr, ich wüßte nicht, daß sie Lord Glencairn gehören? Ihr macht euch jetzt sofort auf den Weg und bringt sie schnellstens wieder dorthin, wo sie hingehören!"

„Das geht nicht", widersprach Pete. „Jock hat uns gebeten, sie über Nacht im Reiterhof unterzubringen."

„So? Dann bringt sie schleunigst in den Stall. Sie dürfen auf keinen Fall zu unseren eigenen Ponys auf die Koppel. Em Ende kriegt eines von diesen Luxusgeschöpfen noch einen Tritt ab, und wir haben eine Klage auf Schadenersatz am Hals. Das hätte uns gerade noch gefehlt. Wirklich, es ist zum Verzweifeln. Wie konnte Pa Carol nur erlauben, euch einzuladen? Ich werde nie begreifen, was er sich dabei gedacht hat."

Das war einfach zuviel. Wütend fuhr ich herum und wollte Andy gehörig die Meinung sagen. Aber ein scharfer Blick von Pete brachte mich noch rechtzeitig zur Besinnung.

„Nun macht schon! Bringt eure Hätschelkinder ins Bett!" Andy drehte sich auf dem Absatz um und ließ Pete und mich einfach stehen. „Seid sparsam mit dem Stroh!" rief er uns noch über die Schulter zu. „Für jedes Pony nur ein halbes Netz voll Heu. Schließlich schwimmen wir nicht im Geld. Den Komfort, den die beiden bei Seiner Lordschaft gewöhnt sind, haben wir hier nicht zu bieten."

Bedrückt nahmen Pete und ich Forrester und Beau Sattel und Zaumzeug ab, rieben sie trocken und gaben ihnen Wasser. Wir brachten sie zum Stall, und ich war sicher, daß die beiden ein besseres Nachtquartier gewohnt waren, als die offenen Verschläge, die sie sich mit Firefly, Scheherezade und dem stämmigen Rotschimmel, der sich von seiner Kolik erholte, teilen mußten. Und es war auch bestimmt das erste Mal, daß sie an einem Eisenring festgebunden wurden.

Wie mochte es Jock ergehen, fragte ich mich, als ich mich später im Wohnzimmer in meinem Klappbett in die Kissen kuschelte. Ob er Silver Knight wohl gefunden hatte, versteckt in einem der Nebengebäude von Tam Logans Hof? Aber wahrscheinlich war der Hengst jetzt gerade unterwegs und fuhr in dem roten Pferdetransporter irgendeinem entlegenen Fischerhafen entgegen. Von dort würde ihn dann ein Schiff ins Ausland bringen.

Mit dieser trostlosen Vorstellung schlief ich schließlich ein. Ich war so erschöpft, daß ich nicht einmal träumte. Als ich aufwachte, schienen mir nur ein paar Augenblicke vergangen zu sein. Tatsächlich hatte ich mehrere Stunden lang geschlafen, bis ein scharfer Rauchgeruch mich aufgeweckt hatte.

Ungläubig richtete ich mich in meinem Bett auf. Kein Zweifel, durch das offene Fenster drangen beißende Rauchschwaden in den Raum. Es roch nach brennendem Stroh.

,,Mein Gott, der Stall!"

Ich warf meinen Bademantel über und rannte zur Tür.

Dort, wo das Heu und die Strohballen aufgestapelt lagen, schlugen helle Flammen aus der Scheune. Brennende Strohhalme wirbelten durch die Luft, und der Rauch zog in so dichten Schwaden herüber, daß ich sogar auf diese Entfernung husten mußte.

,,Die Ponys!" Mir blieb beinahe das Herz stehen.

Ich warf in aller Hast eine Handvoll Kiesel gegen Carols und Hamishs Fenster. ,,Feuer!" schrie ich. ,,Der Stall brennt!" Und dann stolperte ich in fliegender Eile über den Hof und riß die Stalltür auf.

Die Ponys schrien und stampften vor Angst. Selbst Firefly, die sonst durch nichts aus der Ruhe zu bringen war, rollte ängstlich mit den Augen und warf den Kopf hoch. Als ich ihre Leine aufknotete und sie frei ließ, warf sie sich mit klappernden Hufen herum und stürmte in die Nacht hinaus. Der Rotschimmel folgte wenige Augenblicke später. Scheherezade verdrehte in panischer Angst die Augen. Sie richtete sich auf der Hinterhand auf und tänzelte schnaubend, als ich sie befreite. Und dann schnellte auch sie herum und jagte mit einem Angstschrei hinter den anderen her. In dem nächsten Verschlag zerrte Forrester wie besessen an seiner Leine. Er schlug aus, und ich mußte mich rasch ducken, um nicht von seinen Hufen getroffen zu werden. Mit zitternden Fingern löste ich den Knoten an seiner Leine.

Dann war endlich auch Beau an der Reihe.

Der Goldfuchs war außer sich. Seine weit geblähten Nüstern schimmerten rot, und das Pony schlug in verzweifelter Angst wie blind um sich.

„Ruhig, Beau, ganz ruhig!" Ich legte meine Hand auf seine Kruppe und schlüpfte rasch an seiner Seite entlang. Einen schrecklichen Augenblick lang versuchte ich vergeblich, den Knoten in seiner Leine zu lösen. Der Riemen wollte sich nicht lockern, doch endlich hatte ich es geschafft. Beau wirbelte herum, prallte gegen die Trennwand, und als er hinausstürzte, schleuderte er mich mit einem Schlag seiner Hufe zu Boden.

Der Rauch nahm mir beinahe den Atem, als ich mich taumelnd wieder erhob.

Meine Augen tränten, und ich konnte kaum noch etwas sehen. Keuchend schleppte ich mich zur Stalltür und schnappte nach Luft.

Hustend und röchelnd wollte ich mich in Sicherheit bringen. Aber da durchfuhr mich ein entsetzlicher Gedanke. Andy schlief oben auf dem Speicher über dem Stall. Warum hatte er nicht versucht, die Ponys zu retten? Und warum hatte er nicht einmal Alarm geschlagen? Das konnte nur eines bedeuten: Er mußte in dem dichten Rauch ohnmächtig geworden sein.

„Carol! Hamish!" rief ich verzweifelt zum Haus hinüber. „Andy ist noch oben auf dem Speicher! Beeilt euch!"

Mit zitternden Händen tränkte ich mein Taschentuch unter dem Wasserhahn auf dem Hof. Ich band es mir über Mund und Nase und öffnete die Tür zur Sattelkammer. Der Stall, den ich erst vor wenigen Minuten verlassen hatte, mußte inzwischen lichterloh brennen. Denn als ich die Leiter zum Speicher hochkletterte, fühlte sich die angrenzende Wand schon tückisch heiß an.

„Komm zurück, Pippa!" Das war Hamishs Stimme, der mit langen Schritten über den Hof rannte.

Aber jede Minute war kostbar. Die Flammen konnten jeden Augenblick den Boden des Speichers erreichen. Und dort lag Andy und konnte sich nicht helfen. Ich kletterte weiter. Ich hatte das Gefühl, daß meine Lungen im nächsten Augenblick bersten müßten, und durch den Tränenschleier vor meinen Augen sah ich alles nur noch verschwommen. So erreichte ich die obersten Stufen der Treppe.

„Schnell, Pippa, geh runter!" befahl Hamish und drängte sich an mir vorüber. Er kroch auf den Speicher, doch im nächsten Augenblick kam er auch schon wieder zurück.

„Andy ist nicht da."

Mit einem energischen Griff nahm er mich auf die Arme und trug mich die Treppe hinunter und hinaus auf den Hof. Er stellte mich gerade wieder auf die Füße, als Carol aus dem Haus gelaufen kam.

„Oh, Pippa, um Himmels willen, ist alles in Ordnung?" Sie schloß mich in ihre Arme, und als sie ihr Gesicht gegen meine Wange preßte, spürte ich, wie ihr Tränen der Angst und Erleichterung zugleich herabliefen. „Du dummes Kind, warum wolltest du denn alles alleine machen? Du hättest Hamish und mich wecken müssen!"

Über meinen Kopf hinweg schaute sie ihren Mann besorgt an. „Ist Andy wohlauf?"

„Er ist gar nicht da." Im Schein der Flammen blitzten Hamishs Augen erbost. „Weiß der Himmel, wo er sich wieder herumtreibt. Aber wenigstens ist er in Sicherheit. Und ein Glück, daß alle Ponys frei sind." Er klopfte mir anerkennend auf die Schulter. „Du hast großartige Arbeit geleistet, Pippa! Das war wirklich Rettung in höchster Not."

In diesem Augenblick kamen mit wehenden Morgenröcken die beiden Schwestern Edwards aus dem Haus. Wie Carol und Hamish waren auch sie vom Wiehern der verängstigten Ponys aufgewacht. Und nun starrten sie in sprachlosem Entsetzen auf das brennende Stallgebäude.

Kurz darauf stürmten Pete und die drei Pfadfinder auf den Hof.

„Holt Eimer und Wasser! Und bildet eine Kette!" befahl der Anführer der Pfadfinder. Hamish rannte inzwischen in die Garage und holte den Feuerlöscher.

Als das erste Wasser zischend auf dem brennenden Stroh verdampfte, schloß Carol den Wasserschlauch aus den Ställen an. Während sie den Strahl auf die Flammen richtete, gelang es den beiden Schwestern Edwards, mit nassen Taschentüchern über dem Mund in die Sattelkammer vorzudringen. Mit vereinten Kräften warfen sie Sättel und Zaumzeug ins Freie. Ich hätte ihnen gerne geholfen, aber der Husten quälte mich so sehr, daß ich kaum Luft holen konnte.

„Laßt das Zaumzeug liegen! Kommt zurück!" drängte Hamish die beiden Damen und sprühte den Schaum aus dem Feuerlöscher auf die Trennwand zum Stallgebäude.

Die beiden Frauen konnten gerade noch das letzte Lederzeug in Sicherheit bringen, dann brach auch schon das Dach des Stalles ein.

Wir starrten hilflos auf die Flammen. Da erklang hinter uns auf der Landstraße das Knattern eines Mopeds. Das

Stallgebäude war verloren. Also drehten wir uns erschöpft um und sahen zu unserer Überraschung Andy in aller Seelenruhe auf den Hof fahren.

Bevor er überhaupt ein Wort sagen konnte, nahm Hamish sich seinen Sohn vor.

„Wo bist du gewesen?" fuhr er ihn zornig an. „Wir haben gedacht, du wärest in dem Rauch ohnmächtig geworden und lägest hilflos dort oben auf dem Speicher. Die kleine Pippa hat ihr Leben aufs Spiel gesetzt, um dich zu retten."

„Du, Pippa?" Zum ersten Mal stand in Andys Augen unverhohlene Anerkennung. „Obwohl ich dich und Pete so schlecht behandelt habe. Das habe ich eigentlich kaum verdient." Er schaute ein wenig verlegen zu Boden. „Schätze, da ist ein großes Dankeschön fällig."

„Ach, brich dir keinen ab!" Pete stand breitbeinig da und blickte herausfordernd zu dem lang aufgeschossenen Jungen auf. „Es ist allmählich Zeit für ein paar Erklärungen. Wo bist du gewesen, Andy?"

„Ich hatte eine Verabredung mit einem Mädchen", erklärte Andy gelassen. „Und während ich draußen vor dem Hotel Halfway auf sie gewartet habe, habe ich ganz zufällig ein sehr interessantes Gespräch mitangehört. Ein paar tolle Dinge sind mir da zu Ohren gekommen, die mir noch sehr nützlich sein können. Ja, da habe ich natürlich sofort reagiert."

„Soll das heißen, daß du den Mondscheinspaziergang mit deinem Blondschatz verschoben hast? Nur, weil du plötzlich etwas Besseres vorhattest?" Pete verzog skeptisch den Mund. „Es ist fast drei Uhr am Morgen! Du bildest dir doch nicht ein, daß wir dir dieses Märchen abnehmen?"

„Glaub, was du willst!" Andy zuckte gleichgültig die Achseln. „Genau so war es."

## RETTUNG FÜR DEN DERBYSIEGER?

„Du sagst, dir sind ‚tolle Dinge' zu Ohren gekommen?" forschte Pete, und ich bemerkte die heimliche Sorge, die in seinem Gesicht stand. „Was meinst du damit, Andy? Was war es, was du gehört hast?"

„Ach, nur ein bißchen von dem üblichen Stallgeschwätz." Andy wich aus. „Ich dachte, es könnte mir ganz nützlich sein, wenn ich Lord Glencairns Verwalter Bescheid sage."

„Aber worum ging es denn?" Nun wollte auch ich nicht lockerlassen. „Du mußt es uns sagen. Wir haben uns ja auch so allerhand zusammengereimt!"

„Hat das nicht bis morgen Zeit?" Carol unterdrückte mit ihrer rußgeschwärzten Hand ein Gähnen. „Das Feuer ist ausgebrannt, und wir können hier doch nichts mehr tun. Ich finde, wir sollten ins Bett gehen, damit wir wenigstens noch etwas Schlaf bekommen."

„Nicht, bevor wir Andys Geschichte gehört haben." Pete blieb hartnäckig. „Onkel Hamish, die Angelegenheit ist bitterernst. Pippa und ich haben dem Lord zwar versprochen, über alle Dinge zu schweigen, die seinen Reitstall angehen. Aber nun müssen wir doch reden."

Pete hatte kaum Lord Glencairns Namen erwähnt, als Carol und Hamish und auch die beiden Schwestern

Edwards interessiert aufschauten. Stumm hörten sie zu, als Pete ihnen erklärte, warum solche berühmten Pferde wie Silver Knight und Ballantrae dem Lord zur Pflege anvertraut wurden.

„Und nun ist plötzlich eines dieser Pferde verschwunden. Lord Glencairns Stalljunge und wir sind fest davon überzeugt, daß es gestohlen wurde. Wir haben Jock zwar noch nichts erzählt, aber Pippa und ich haben den Verdacht, daß Kelvin Stirling, der Verwalter, und Hector Nicol, der Besitzer des Halfway Hotels, in die Sache verwickelt sind. Und nun hat Andy anscheinend etwas Wichtiges belauscht. Und dieser Esel..." Er warf unserem Vetter einen wütenden Blick zu. „Nun, er hat nichts Besseres zu tun, als loszurennen und dem Verwalter alles haarklein zu berichten. Dabei ist der wahrscheinlich der Drahtzieher von der ganzen Gaunerei!"

„So ein Schwachsinn!" Andy schnaubte verächtlich. „Als ob Kelvin Stirling sich mit Pferdedieben einlassen würde! Er würde doch niemals wegen so etwas seinen Job aufs Spiel setzen."

„Es hat schon seltsamere Dinge gegeben." Hamish legte seinem Sohn die Hand auf die Schulter. „Komm, Junge, erzähl uns die ganze Geschichte! Dann will ich entscheiden, was zu tun ist."

Andy scharrte unbehaglich mit den Füßen.

„Also, Pa, das war so: Ich hatte gerade auf der Terrasse des Halfway Hotels ein Bier getrunken und auf Brenda gewartet, als Hector Nicol mit so einem langhaarigen Typen herauskam. Die Sachen, die der Junge trug, sahen aus, als ob er schon mindestens eine Woche darin geschlafen hätte. Die beiden haben sich unterhalten und mich offenbar überhaupt nicht bemerkt. Auf die Idee, daß ein

Fremder sie belauschen könnte, sind die gar nicht gekommen. Und wenn sie mich gesehen haben, dachten sie wahrscheinlich, ich wüßte nicht, wovon die Rede war. Na ja, sie waren jedenfalls so in ihr Gespräch vertieft, daß ich jedes Wort hören konnte, obwohl sie ziemlich leise sprachen."

„Nun mach schon, Andy!" Ich konnte die Spannung kaum noch ertragen. „Was haben sie gesagt?"

„Am meisten hat eigentlich dieser Junge geredet. Er sprach mit einem Londoner Dialekt. Ja, er versicherte Herrn Nicol, daß bei Silver Knight alles glatt gegangen wäre. Und nun brauche er nur noch den anderen Gaul – Ballantrae nannte er ihn – zu holen."

„O nein!" Mir stockte der Atem. „Sag nicht, daß sie auch Ballantrae gestohlen haben!"

„Scheint so", nickte Andy. „Der Junge, dieser Alfie, sagte, daß er die beiden Pferde an einen sicheren Ort bringen werde. Herr Nicol wüßte schon, wo. Dann bliebe er bis morgen abend bei ihnen, bis ein Mann namens Kelvin sich weiter um die Angelegenheit kümmern würde."

„Kelvin!" trumpfte Pete auf. „Damit kann nur Kelvin Stirling gemeint sein. Das ist der Beweis, Onkel Hamish. Der Verwalter steckt bis zum Hals in diesem Diebstahl mit drin."

„Hört sich jedenfalls so an." Hamish nickte nachdenklich. „Aber weiter, Andy! Was geschah dann?"

„Hector Nicol wollte von dem Jungen wissen, wie die Pferde fortgeschafft werden sollen. Anscheinend hat Alfie sich mit diesem Stirling für morgen mittag verabredet. Die Pferde sollen an der Kreuzung von Bannock Brae in den Transporter geladen werden."

„Und du bist zum Reitstall gefahren und hast die ganze Geschichte dem Verwalter erzählt?" Pete starrte unseren Vetter fassungslos an. „Teufel auch, Andy! Hast du denn gar keinen Verstand? Du kannst froh sein, daß der Verwalter dir nicht eins über den Schädel gehauen hat. Schließlich hast du doch von seinem ganzen Plan Wind bekommen."

„Dem ist noch was viel Gemeineres eingefallen", gestand Andy zerknirscht. „Ich wollte nach Hause fahren, aber ich kam nicht weit. Plötzlich hatte ich einen Platten in meinem Vorderreifen und bin gegen eine Mauer geprallt. Zum Glück fuhr ich noch nicht sehr schnell, sonst wäre ich jetzt vielleicht tot."

„Und woher willst du wissen, daß Stirling das eingefädelt hat?" fragte Hamish.

„Als ich den Reifen ausbessern wollte, habe ich im Schlauch einen Schnitt entdeckt. Er war bestimmt ein paar Zentimeter lang. Das kann nur der Verwalter gewesen sein. Ich mußte nämlich in seinem Zimmer auf ihn warten, während er mir noch ein Bier holte. Und da hatte er schließlich Zeit genug."

„Du hast bestimmt eine Weile gebraucht, bis der Reifen geflickt war." Nun begriff ich die Zusammenhänge. „Und deshalb warst du nicht hier, als der Stall Feuer fing."

Andy nickte. „Ich frage mich, ob nicht jemand das Stallgebäude mit Absicht angezündet hat. Während ich mich nämlich noch mit meinem Reifen abmühte, hat mich ein Auto überholt. Es fuhr in diese Richtung."

„Dann hat Kelvin Stirling vielleicht sogar das Feuer gelegt!" Pete ballte die Fäuste.

„Langsam, Pete!" warnte Hamish. „Das wissen wir nicht. Wir halten uns besser an die Tatsachen."

„Aber es war bestimmt Brandstiftung", meldete sich nun die ältere der beiden Schwestern Edwards zu Wort. Sie zeigte auf die Hauswand. In der aufkommenden Morgendämmerung entdeckten wir große Buchstaben, die irgend jemand mit roter Sprühfarbe auf die Mauer geschrieben hatte:

VERSCHWINDET AUS DUNCREGGAN!


„Es gibt nur eines, was wir tun können", entschied Hamish. „Klettert alle miteinander in den Land-Rover! Wir fahren zu Lord Glencairn, wecken ihn auf und erzählen ihm alles, was wir wissen."

Doch zunächst schien es, als ob unser Plan mißlingen würde. Als wir in den Hof einbiegen wollten, versperrte Jock uns die Einfahrt. Er war furchtbar wütend.

„Was fällt euch eigentlich ein!" Erbost steckte er seinen Kopf durch das Wagenfenster. „Habe ich euch nicht die Ponys von Seiner Lordschaft anvertraut?" fuhr er Pete und mich an. „Und was tut ihr? Ihr laßt sie einfach weglaufen! Ihr könnt von Glück sagen, daß sie den Weg nach Hause gefunden haben. Sonst hätte euch das eine schöne Stange Geld gekostet."

„Halt die Luft an, Jock!" protestierte mein Bruder. „Weiß du denn nicht, was passiert ist? Hast du nicht das Feuer gesehen?"

„Feuer? Welches Feuer?"

Jock machte ein betroffenes Gesicht, als Pete ihm die ganze schreckliche Geschichte erzählte.

„Ja, so war das, junger Mann", fügte Hamish hinzu. „Aber was viel wichtiger ist: Wenn Pippa nicht gewesen wäre, dann wären die beiden Ponys bei lebendigem Leib verbrannt. Und drei von unseren eigenen mit ihnen."

"Stimmt!" Mein Bruder zwinkerte mir anerkennend zu. "Pippa ist die Heldin des Tages."

Gerade in diesem Augenblick flog die Tür zur Stallwohnung auf, und Kelvin Stirling kam heraus. Zu unser aller Verwunderung war er vollständig angezogen. Er trug sogar eine Krawatte. Das war nur ein zusätzlicher Beweis für Andys Geschichte. Denn wer würde schon in einer solchen Aufmachung daherkommen, wenn ungewohnter Lärm ihn plötzlich aus dem Schlaf aufschreckte? Kein Zweifel, der Verwalter war die ganze Nacht auf den Beinen gewesen.

"Was soll denn dieser Lärm?" fuhr er Hamish an. "Wissen Sie nicht, wie spät es ist? Sie werden den Lord aufwecken!"

"Genau das habe ich auch vor." Hamish schlug die Wagentür absichtlich mit einem solchen Knall zu, daß jeder, der in den Gebäuden um den Hof schlief, nun bestimmt wach werden mußte. "Lord Glencairn ist der Mann, den wir sprechen möchten. Uns ist verschiedenes über seine verschwundenen Pferde zu Ohren gekommen. Und wir meinen, daß er das wissen sollte."

"Verschwundene Pferde?" Kelvin Stirling zog in gespieltem Erstaunen die Brauen hoch. "Wir haben zwar heute nachmittag unseren Grauen vermißt, das stimmt schon. Aber der hat sich wieder eingefunden. Jock, erzähl ihnen, was geschehen ist!"

Jock machte ein verlegenes Gesicht.

"Ich verstehe das auch nicht", seufzte er. "Kurz nachdem Forrester und Beau hier ankamen, ist auch Silver Knight wieder aufgetaucht. Ich hatte die beiden Ponys gerade auf ihre Koppel gebracht. Als ich zurückkam, stand er hier auf dem Hof vor seiner Box und wartete darauf, daß ich ihn hereinließ. Und ich habe die halbe Nacht nach ihm gesucht. Sogar den alten Tam Logan habe ich beschuldigt, daß er ihn in seiner Scheune versteckt hält."

Pete runzelte zweifelnd die Stirn.

„Wie spät war es denn, als Silver Knight zurückkam?"

„Schon fast drei Uhr in der Nacht."

„Also genau anderthalb Stunden, nachdem ich mich von Kelvin Stirling verabschiedet hatte." Andy tat einen Schritt auf den Verwalter zu. „Das paßt doch sehr gut: Zuerst haben sie meinen Reifen aufgeschlitzt, dann unseren Stall in Brand gesteckt, und dann hatten sie noch genügend Zeit, den Hengst wieder zurückzubringen."

„Reifen aufschlitzen, Ställe anzünden, den Grauen zurückbringen?" Der Verwalter tat völlig verständnislos. „Was soll der Unsinn? Warum sollte ich so etwas tun?"

„Weil Sie gemerkt haben, daß ich Ihnen auf der Spur war!" Andys Augen funkelten. „Schließlich war ich dumm genug, Ihnen alles brühwarm weiterzuerzählen, was ich im Hotel Halfway belauscht hatte. Sie wußten genau, daß früher oder später die ganze krumme Sache herauskommen mußte. Und dabei wären Sie nicht ungeschoren davongekommen. Also war es Ihnen viel zu riskant, Ihren gemeinen Plan zu Ende zu führen.

Aber irgendwie mußten Sie mich aufhalten. Da haben Sie ganz einfach meinen Reifen zerschnitten. Und dann haben Sie unsere Ställe angezündet. Natürlich, wer kümmert sich schon um andere Dinge, wenn sein Haus in Flammen steht? Inzwischen hatten Sie Zeit genug, die Pferde wieder auf den Hof zu bringen. Ich wette, Ballantrae ist auch wieder da, sicher und wohlbehalten in seiner Box. Wahrscheinlich hat überhaupt noch niemand gemerkt, daß er verschwunden war. Oder?"

„Ballantrae?" Der Verwalter sah Pete und mich scharf an. „Dann habt ihr beide also doch geplaudert! Hat man euch nicht gesagt, daß unsere Angelegenheiten niemanden etwas angehen? Aber Seine Lordschaft hätte wissen müssen, daß man euch nicht trauen kann. Natürlich ist das alles völliger Unsinn. Ballantrae war nirgendwo versteckt. Er ist selbstverständlich hier." Er winkte Jock heran. „Zeig ihnen das Pferd!"

Jock brachte uns zu der Box des Derbysiegers. Wir alle hielten den Atem an, als er die Tür öffnete.

In der Box stand tatsächlich ein Pferd und drehte sich verschlafen zu uns um. Da war der zierliche hellbraune Kopf mit der langen weißen Blesse. Ich sah genauer hin. Trotz der weißen Zeichnung, war da etwas in seinem Gesicht, das mir fremd erschien.

„Ballantrae!" Ich trat näher und spähte angestrengt in das Halbdunkel.

Obwohl ich ihn beim Namen gerufen hatte, musterte der Hengst mich reglos und reagierte nicht. Aber ich konnte deutlich die weiße Fessel an der Hinterhand sehen, ein untrügliches Merkmal des großen Derbysiegers. Verwirrt schaute ich auf seinen Widerrist. Und da schimmerte ganz unverkennbar das weiße Mal: Ballantraes Glückspfennig.

Ich weiß nicht, warum, aber irgendwie sah dieses Zeichen nicht echt aus. Es war einfach ein bißchen zu weiß, beinahe schon grell.

Ich streckte die Hand aus, wollte die weiße Stelle berühren – und sofort war Kelvin Stirling an meiner Seite